Josefa Jimeno Patrón
María Victoria Rojas Riether

Línea verde
Cuaderno de actividades

1

Ernst Klett Schulbuchverlage
Stuttgart · Leipzig

Die wichtigsten Arbeitsanweisungen

Ahora tú.	Jetzt bist du dran.
Apunta las expresiones en tu cuaderno.	Notiere die Ausdrücke in deinem Heft.
Busca la traducción.	Suche nach der Übersetzung.
Cambia el texto.	Ändere den Text.
Compara con el texto en la(s) página(s) 10 / 10 – 11.	Vergleiche mit dem Text auf Seite 10 / auf den Seiten 10 – 11.
Cierra el libro.	Schließ das Buch.
Completa la regla.	Vervollständige die Regel.
Contesta las preguntas según el ejemplo.	Beantworte die Fragen anhand des Beispiels.
Corrige los errores.	Korrigiere die Fehler.
Describe el dibujo.	Beschreibe die Zeichnung.
Escribe la palabra adecuada debajo de la foto.	Schreibe das passende Wort unter das Foto.
Expresa y explica tu opinión.	Sage deine Meinung und begründe sie.
Forma el plural.	Bilde den Plural.
Haz un diálogo.	Mach einen Dialog.
Intercambia tu lista con un/a compañero/-a.	Tausche deine Liste mit einem/-r Mitschüler/in aus.
Lee el texto en el libro del alumno.	Lies den Text im Schülerbuch.
Marca la respuesta correcta.	Kreuz die richtige Antwort an.
Mira en el diccionario.	Schau ins Wörterbuch.
¡Ojo!	Vorsicht! Aufgepasst!
Ordena los dibujos con la ayuda del texto.	Ordne die Bilder mit Hilfe des Textes.
Pon los verbos en la tabla.	Setze die Verben in die Tabelle ein.
Relaciona las frases con las personas.	Verbinde die Aussagen mit den Personen.
Usa los recursos de la casilla.	Benutze die Redemittel im Kästchen.

Abkürzungen und Zeichenerklärungen

- Übungen mit diesem Zeichen müssen im eigenen Heft bearbeitet werden.
- Diese Symbole kennzeichnen Übungen zur Partner- oder Gruppenarbeit. Unter den Partnerübungen sind auch Aufgaben, bei denen die Partner abwechselnd in ihrer Spalte die Lösung vor sich haben. So könnt ihr gegenseitig kontrollieren, ob ihr den Stoff gut beherrscht.
- Hier übt ihr wichtige Lern- und Arbeitstechniken, die euch das Spanischlernen erleichtern. Auch Lerntipps sind so gekennzeichnet. Ausführliche Erklärungen zu den Lern- und Arbeitstechniken stehen auf den Seiten 123 – 133 im Schülerbuch unter der Überschrift Estrategias.

SB Schülerbuch *Línea verde 1*

CDA Cuaderno de actividades *Línea verde 1*

GBH Grammatisches Beiheft *Línea verde 1*

Unidad 1

1 ¿Quiénes son? *(Wer sind sie?)*

Completa las frases según el texto en las páginas 9–11 del libro del alumno.

Vervollständige die Sätze mit Hilfe des Lektionstextes (SB, S. 9–11).

Ésta es _____.

Es _____ Berlín.

Ésta es _____.

Es la _____ de Mario.

_____ es de Valladolid.

Ést__ _____ _____ .

_____ de Valladolid.

_____ es Lukas.

Es el _____ de Laura.

_____ _____ Berlín.

Éste _____ Pablo. _____ es _____

Valladolid. Es de _____ .

Es el _____ de Mario y _____ .

1 Unidad

2 ¿Sí? ¿No? (§ 5)

a Lee el texto en la página 10–11 del libro del alumno y contesta «Sí» o «No».

Welche der folgenden Aussagen zum Lektionstext (SB, S. 10–11) sind richtig, welche sind falsch?

		Sí	No			Sí	No
1.	Pablo es de Roses.	☐	☐	4.	Laura es de Stuttgart.	☐	☐
2.	Mario es el primo de Cristina.	☐	☐	5.	La paella de Pablo es genial.	☐	☐
3.	Mario y Cristina son de Valladolid.	☐	☐				

b Verneine zuerst die jeweils falsche Aussage und berichtige sie dann. Schreibe die Sätze in dein Heft.

> Pablo es de Valladolid. → No, Pablo no es de Valladolid. Es de Roses.

3 ¿Quién eres? *(Wer bist du?)*

Preséntate en español.

Stelle dich mit Hilfe der deutschen Sätze vor.

_____

_____

_____

_____

_____

Ich heiße … Ich bin aus … Ich bin die Schwester von …. Ich bin der Cousin von …

4 El intruso *(Ein Eindringling)*

a Una palabra de las tres es un intruso.

Welches Wort passt nicht?

1. chica – pueblo – chico
2. hermano – primo – paella
3. deporte – helado – juego
4. chico – habitación – museo
5. playa – costa – desastre
6. hola – paella – helado
7. éste – es – ésta
8. vídeo – Roses – Valladolid

b Ahora tú: Forma series *(Reihen)* con un intruso. Un/a compañero/-a corrige.

1. _____   3. _____

2. _____   4. _____

4 cuatro

Unidad 1

5 Crucigrama *(Kreuzworträtsel)*

Die Buchstaben in den nummerierten Kästchen ergeben ein europäisches Land.

Lukas es el ____A____ de Laura.

____B____ , me llamo Lukas.

Roses es un ____C____ de la Costa Brava.

La chica del ____D____ es Cristina.

La paella es ____E____ , mmmm.

El fútbol es un ____F____ .

Pablo es el ____G____ de Mario.

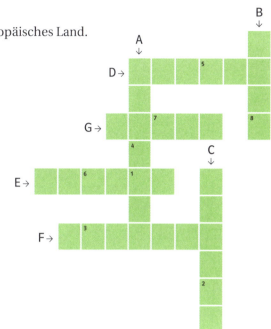

6 Un y una (§ 3)

a Ordne die Wörter in die richtige Spalte ein.

el/un	la/una

playa paella juego chico
hermano primo costa helado
museo hermana pueblo prima

b Ahora tú: Suche dir 5 Wörter aus und bilde mit jedem Wort einen Satz.

c Dicta tus frases a un/a compañero/-a.

Diktiere deine Sätze einer Mitschüler/in. Wenn er / sie nicht weiß, wie ein Wort geschrieben wird, kann er / sie fragen: «¿*Cómo se escribe*?». Dann musst du ihm / ihr das Wort buchstabieren. Benutze das Alphabet auf S.13 des Schülerbuchs.

cinco 5

1 Unidad

7 ¡Hola! (§ 1)

→ Entdecke die Regel auf S. 63!

Completa las frases con las formas del verbo *ser*.

Cristina: ¡Hola! _____ Cristina, ¿y tú¹ _____ Pedro?

Pedro: Sí, _____ Pedro y ésta _____ Marta, la hermana de Manuel y

Raúl. _____ los chicos del helado.

Cristina: Ah, sí… ¡Hola!, chicos, ¿de dónde _____?

Manuel y **Raúl:** _____ de Barcelona.

Cristina: ¿Ah, sí? ¡Barcelona _____ genial!

8 ¿De dónde eres?

Escribe preguntas a las respuestas.

Schreibe die Fragen zu den Antworten.

1. ¿_____?
   Somos de Berlín.

2. ¿_____?
   Me llamo Paco.

3. ¿_____?
   No, soy de Roses.

4. ¿_____?
   No, son Olga y José.

5. ¿_____? La habitación de Mario es un desastre.

9 Roses es un pueblo

Forma frases.

Bilde Sätze mit möglichst allen Bausteinen. Du kannst auch einige mehrmals verwenden. Wer findet in 3 Minuten die meisten Sätze?

la	Berlín	paella	Mario	Pablo	Laura	un	fútbol	Roses
Cristina	el	no	y	primo	es	deporte	pueblo	una
Lukas	de	hermano	son	desastre	Valladolid	helado	hermana	Berlín

Berlín no es un pueblo.

6 seis

¹ **tú** du

Unidad 1

10 El abecedario (Das Alphabet)

Seht euch das Alphabet auf S. 13 des Schülerbuchs an und beantwortet folgende Fragen:

a Welche Buchstaben des spanischen Alphabets gibt es im Deutschen nicht? _____

b Welche Schriftzeichen des deutschen Alphabets kommen im Spanischen nicht vor? _____

11 De, en (§ 3)

Sieh dir die folgenden Sätze mit den Präpositionen *de* und *en* an. Welcher Bedeutung entspricht die jeweilige Präposition? Schreibe die vier möglichen Übersetzungen der Präpositionen in die Tabelle.

	Zugehörigkeit	„mit"	Herkunft	Ortsangabe
1. Soy la hermana **de** Mario.	von			
2. Somos **de** Valladolid.				
3. La playa **de** Roses,				
4. **en** la Costa Brava				
5. El chico **del** helado es Pablo.				
6. Pablo no es **de** Valladolid.				
7. **En** el museo Dalí.				
8. ¿Eres el hermano **de** Laura?				
9. ¿**De** dónde sois?				

12 El chico del helado es Pablo.

Pablo zeigt seinem Freund Fotos von den Ferien und erklärt, wer die Personen sind. Was sagt er? Nimm die Überschrift der Übung als Modell und benutze jeweils die richtige Präposition.

Unidad 2A

1 Los helados me gustan mucho.

a Lee el texto de la página 19 del libro del alumno y ordena los dibujos.

Ordne die Bilder mit Hilfe des Lektionstextes auf Seite 19 im Schülerbuch.

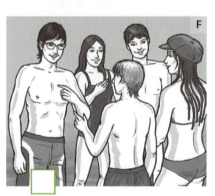

b Schreibe jetzt zu jedem Bild mindestens einen Satz.

_____
_____
_____
_____
_____
_____
_____
_____
_____

Unidad 2A

2 Palabras y fotos

Mira las fotos y escribe frases.

Soy Anne. Soy alemana, de Bielefeld. Me gusta(n)... No me gusta(n)...

_____

_____

_____

3 Sólo palabras

Escribe las palabras en español.

1. Strand
2. Freund
3. Antwort
4. Idee
5. Ferien
6. Schwester
7. Sport
8. Lehrer
9. SMS

¿Con quién habla Andrés?

_____

4 Palabra, palabras (§ 5)

→ Entdecke die Regel auf S. 65!

a Forma el plural de las palabras y de los artículos.

el euro		el juego	
la amiga		la respuesta	
el móvil		el mensaje	
el bar		el español	

b Escribe más *(mehr)* palabras en singular. Intercambia tu lista con un/a compañero/-a y escribe el plural de sus *(seine)* palabras.

2A Unidad

5 Yo, tú, … (§ 6)

Auf welche Personalpronomen beziehen sich die Verbformen in folgenden Sätzen?

Ejemplo: Tomo el sol → yo

1. Nadamos mucho en Roses. _____
2. ¿Escuchas música? _____
3. Espero un rato. _____

4. Trabajan en un bar de Valladolid. _____
5. ¿Compráis ropa? _____
6. Ana pasa las vacaciones en Perú. _____

6 Trabajo, trabajas… (§ 4)

a Completa las frases con la forma correcta del verbo.

(esperar – yo) _____ una respuesta.

(contestar – tú) ¿Por qué no _____ ?

(hablar – él) ¿_____ Andrés con los aguacates?

(tomar – nosotros) ¿_____ un helado?

(trabajar – vosotros) ¿_____ mucho?

(hablar – ellos, -as) _____ un rato.

b Schreibe nun 5 Sätze mit anderen Verben und Verbformen und lass sie durch eine/n Mitschüler/in ergänzen.

7 Series (Reihenfolgen)

Diese Reihen folgen einer bestimmten Logik. Schreibe 4 weitere Elemente dazu.

Estudio – estudias – _____

_____

Tomas el sol – escuchas música – _____

_____

¿Tomamos un helado? – ¿nadamos? – _____

_____

No escuchan el móvil – no esperan – _____

_____

¿Habla bien? – ¿busca el móvil? – _____

_____

Yo – tú – _____

_____

Unidad 2A

8 Mucho y poco (§ 7)

Forma frases.

| ¡Genial! Te gusta | Estudio | Me gusta | Lucas estudia | Me gustan |

| muy poco | poco | mucho | bien | muy bien |

| comprar | la paella | los helados | en la playa | con Mario y Pablo |

| tomar | en las vacaciones | porque | trabajo | el mar | A mí también |

Estudio muy bien con Mario y Pablo.

9 Un chico y una chica

a Ein Junge möchte gern ein Mädchen kennen lernen.

Ordena el diálogo y escríbelo en tu cuaderno *(schreibe ihn in dein Heft)*.

- ☐ ¿Y el mar? ¿Nadamos?
- ☐ ¿Cómo te llamas?
- ☐ Sí, es Shakira.
- ☐ No, gracias.[1]
- ☐ Porque no me gustan los helados.
- ☐ María del Mar.
- ☐ Yo, Antonio. ¿Escuchas música?
- ☐ ¿Es Shakira, verdad?
- ☐ A mí también. ¿Compras tú los helados? Yo, de vainilla.
- ☐ ¡Oh! Shakira me gusta mucho.
- ☐ ¿Por qué?
- ☐ No, no me gusta el mar.
- ☐ ¡Qué morro!
- ☐ Hola, ¿un helado?

b Schreibt jetzt zu zweit einen ähnlichen Dialog und spielt ihn vor.

Juan: Hola, ¿escuchamos música?
Javier: ...

10 Historias *(Geschichten)*

a ¿Quiénes son los chicos y las chicas de la foto?

Schreibe zuerst einen Text über die ganze Gruppe. Lass dann eines der Mädchen und einen der Jungen sprechen.

Los chicos y las chicas de la foto...
La chica: «Soy...»
El chico: «Me llamo...»

b Tausche nun deine Arbeit mit einem/-r Mitschüler/in aus und verbessere sie. Lege dann ein eigenes Fehlerheft an.

→ SB, S. 129–130

---

[1] **gracias** Danke

Unidad 2B

1 Terminan las vacaciones.

a Contesta verdadero o falso según el texto «Terminan las vacaciones».

Welche der folgenden Aussagen zum Lektionstext sind richtig, welche sind falsch?

hasta la línea 18	verdadero	falso
1. Laura y Lukas esperan los mensajes.	☐	☐
2. Mario y Cristina visitan a Laura.	☐	☐
3. La madre de Pablo abre la puerta.	☐	☐
4. Mañana terminan las vacaciones de Lukas y Laura.	☐	☐
hasta la línea 39		
5. Mario y Cristina comen hoy en un restaurante con sus padres.	☐	☐
6. Laura no llama a Ana Lucía porque habla poco español.	☐	☐
7. Los amigos llaman a Ana Lucía.	☐	☐
hasta el final del texto		
8. Mario necesita la dirección de Laura.	☐	☐
9. Laura aprende español muy rápido.	☐	☐
10. Los padres de Lukas y Laura esperan.	☐	☐

b Ahora corrige los errores con frases completas.

Verneine jetzt die jeweils falsche Aussage und berichtige sie.

Ejemplo: Laura y Lukas esperan los mensajes. → Laura y Lukas no esperan los mensajes. Ellos hablan mucho de los mensajes.

2 Contactos (Kontakte) → SB, S. 130–131

Wie kannst du mit jemandem in Verbindung treten? Suche evtl. weitere Begriffe im Wörterbuch.

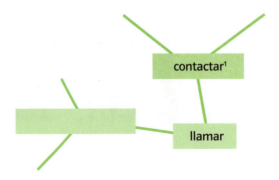

[1] **contactar** Kontakt aufnehmen

Unidad 2B

3 Sopa de letras

a Suche 7 Familienbezeichnungen in der Buchstabensuppe.

s	a	p	i	m	u	j	o	h	e
r	o	a	s	p	a	d	r	e	s
c	a	b	r	a	s	c	o	n	t
o	d	u	r	i	t	h	t	a	n
p	r	e	m	i	t	i	í	s	i
k	r	l	i	s	n	j	a	l	e
b	l	a	n	c	h	o	s	y	t
p	r	o	c	a	z	s	s	v	o
i	m	a	d	r	e	d	e	d	i
o	s	a	v	e	m	a	r	o	a

b Schreibe nun selbst eine Buchstabensuppe mit acht Zahlen zwischen 1 und 20, tausche sie anschließend mit einem/-r Mitschüler/in aus.

4 Uno, dos,...

a Schreibe die Zahlen in die Tabelle ein. Welche drei Zahlen fehlen?

dieciséis • dos • cinco • ocho • dieciocho • diez • trece • tres • quince • seis • uno • diecisiete • once • cuatro • diecinueve • veinte • nueve

b Schreibe mit dem Finger ein paar dieser Zahlen auf den Rücken eines/-r Mitschülers/-in. Kann er/sie die Zahl erraten?

trece 13

2B Unidad

5 Dos verbos irregulares → SB, S.148

Completa el texto con las formas de los verbos *hacer* y *saber*.

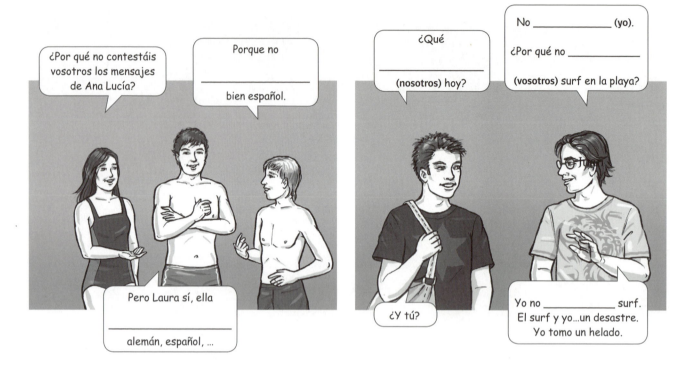

6 No sé, no sé. → Entdecke die Regel auf S.67!

Nach dem Besuch von Laura und Lukas möchte die Mutter von Pablo noch einige Dinge von Mario wissen und macht Vorschläge. Vervollständige die Sätze und spiele dann den Dialog mit einem/-r Mitschüler/in.

Madre: Pero ¿qué _____ (pasar)? ¿Qué _____ (hacer – vosotros) aquí?

Mario: Las vacaciones de Laura y Lukas *terminan* hoy… *Comen* con sus padres, *compran* ropa y… ¡Adiós!

Madre: ¿Dónde _____ (vivir – ellos)? _____ (Hablar – ellos) muy bien español.

Mario: En Berlín. Pero *pasan* las vacaciones en España. Laura *estudia* mucho, *lee* y *sabe* bien español, Lukas aprende muy rápido.

Madre: ¿Y por qué no _____ (aprender – vosotros) alemán y ella _____ (escribir) en español y vosotros _____ (escribir) en alemán?

Mario: ¡Uff! No *sé*, no *sé*.

Unidad 2B

Madre: Pero ¿Qué *pasa*? ¿qué *hacéis* aquí?

Mario: Las vacaciones de Laura y Lukas _____ (terminar) hoy…
_____ (comer)
con sus padres en un restaurante, _____ (comprar) ropa y… ¡Adiós!

Madre: ¿Dónde *viven*? *Hablan* muy bien español.

Mario: En Berlín. Pero _____ (pasar – ellos) las vacaciones en España.
Laura _____ (estudiar) mucho, _____ (leer) y
_____ (saber) bien español. Lukas _____ (aprender) muy
rápido.

Madre: ¿Y por qué no *aprendéis* vosotros alemán y ella *escribe* en español y vosotros *escribís* en alemán?

Mario: ¡Uff! No _____ (saber – yo), no _____ (saber – yo).

7 **Visito a Lukas y necesito su dirección.**

Forma frases. ¡Ojo! ¿Necesitas o no la preposicion *a*?

Laura y Mario			
Yo Tú	esperar	mensaje	puerta
Lukas	necesitar	e-mail	Ana Lucía
Yo y tú	abrir	Lukas	Pablo
Vosotras	contestar	dirección	museo
Nosotros	visitar	padres	hermano
Ellas	comprender		

_____

_____

_____

_____

_____

_____

_____

_____

quince **15**

2B Unidad

8 La familia Estepa Chanclón

a Stelle dir vor, dass du entweder Fernanda oder Álvaro bist. Schreibe einen Text in dein Heft, in dem du über seine/ihre Familie sprichst. Benutze dabei nicht nur *mi*, auch *nuestra*, *nuestro* und *sus*. Wie lauten die jeweiligen Nachnamen?

→ SB, S. 28, Infokästchen

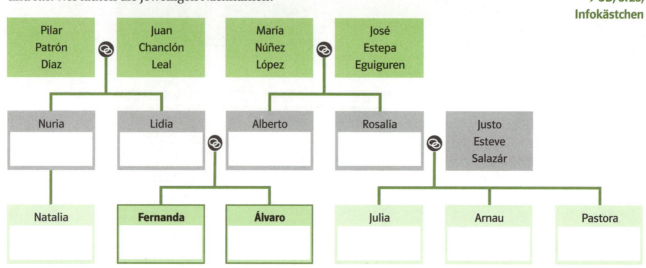

b Ahora cambia el texto con 3 ó 4 errores. Intercambia con un compañero / una compañera los textos y busca los errores.

→ SB, S. 130

9 En un foro de Internet

a Lee los textos en un foro de Internet. Después preséntate tú. *(Dann stell dich vor.)*

b Mit wem möchtest du chatten? Schreibe den Dialog.

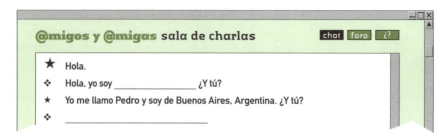

Unidad 3A

1 ¿Lo sabes?

Lee el texto «Días normales» y marca la(s) respuesta(s) correcta(s).

1. En el e-mail de Laura hay fotos de
   - ☐ Berlín.
   - ☐ Laura.
   - ☐ las vacaciones.

2. El festival de cine no es
   - ☐ grande.
   - ☐ interesante.
   - ☐ el de Berlín.

3. Mario sale los fines de semana
   - ☐ solo.
   - ☐ con sus amigos.
   - ☐ con sus padres.

4. El ambiente del centro de Valladolid es
   - ☐ fenomenal.
   - ☐ interesante.
   - ☐ normal.

5. En el e-mail de Mario hay
   - ☐ fotos.
   - ☐ información sobre Valladolid.
   - ☐ una página Web.

6. Mario escribe el mail y después va al centro
   - ☐ con su madre.
   - ☐ con su hermana.
   - ☐ con sus amigos.

2 ¡Qué genial! (§ 11)

Completa las frases con un adjetivo adecuado *(passend)*.

1. Shakira es muy conocida y Juanes es muy _____ también.

2. En el centro de Valladolid hay calles pequeñas y también _____.

3. Las discotecas son geniales y los bares son _____ .

4. En mi pueblo hay monumentos _____ y calles

   _____.

5. La película es muy _____ y el libro es

   _____ .

6. Mis amigas son _____.

7. En mi ciudad hay plazas muy _____ y museos

   _____.

diecisiete **17**

3A Unidad

3 ¿Cómo es Berlín? (§ 13)

→ Entdecke die Regel auf S. 69!

Mario busca información en la página web de Berlín. Completa el texto con *hay*, *ser* o *estar*.

Berlín _____ en el norte de Alemania. _____ una ciudad muy interesante porque _____ como un museo con casas y barrios viejos y nuevos. La Puerta de Brandenburgo _____ un monumento precioso en Berlín. También _____ muchos parques para salir o practicar deporte: en el centro _____ el «Tiergarten», en el sur _____ el «Grunewald», _____ un parque bastante grande. La Feria de Berlín _____ muy grande e importante. El festival de cine _____ muy conocido no sólo en Berlín. Muchos museos de Berlín _____ en la Isla de los museos (Museumsinsel). El KaDeWe _____ una tienda muy grande y conocida, pero también _____ tiendas pequeñas y tranquilas en la Friedrichstraße, Potsdamer Platz o «Hackesche Höfe". Y por la noche _____ mucho que hacer, porque la marcha _____ fenomenal. El ambiente de sus bares _____ bastante divertido.

4 Un poco de cultura (§ 13)

a Completa las frases con *ser*, *estar* o *hay*. ¿Qué ciudad es? Mira el mapa (*Landkarte*) de la página 14 del libro del alumno. Escribe el nombre de la ciudad debajo (*unter*) de la foto.

1. En esta ciudad _____ La Sagrada Familia. _____ una ciudad muy moderna. _____ bares y restaurantes.

2. Esta ciudad _____ en el centro de España. _____ una ciudad bastante grande. No _____ playas pero allí _____ un museo muy importante, el Prado. El Retiro _____ un parque precioso.

18 dieciocho

Unidad 3A

3. Ahí _____ la Universidad más vieja *(älteste)* de España y también la Plaza Mayor. _____ monumentos preciosos. _____ muchos jóvenes¹ y también bares geniales.

b Wähle nun selbst 3 weitere Städte und schreibe kleine Lückentexte dazu. Besorge jeweils ein Foto. Dazu kannst du eventuell ins Internet schauen.

c Lass anschließend eine/n Mitschüler/in die Texte ergänzen und die Fotos zuordnen.

5 ¡Atención!

a Mira las ilustraciones de la página 38 del libro del alumno (3 minutos). Ahora cierra el libro. ¿Qué hay en las ilustraciones? Escribe las palabras en español.

b Arbeite nun mit einem/-r Mitschüler/in. Vergleicht eure Listen und ergänzt sie gegenseitig. Ordnet dann die Wörter den folgenden Gruppen zu:

para aprender	para divertirse²	para comprar

6 ¿Cómo es tu barrio?

Completa las frases de forma libre *(frei)*.

Mi barrio/ciudad/pueblo está _____ .

Mi barrio/ciudad/pueblo es _____, hay _____ y

_____ pero no hay _____ .

Las casas son _____ .

Mi instituto _____ .

Mis padres _____ .

La panadería y la charcutería _____ .

_____ una piscina _____ .

Mis amigos _____ .

Y yo _____ .

---

¹ **muchos jóvenes** viele Jugendlichen
² **divertirse** Spaß haben, sich unterhalten

3A Unidad

7 Un día normal
→ 📖 SB, S.130

a In Mails werden oft Ausdrücke aus dem mündlichen Sprachgebrauch verwendet, die man normalerweise in schriftlichen Texten nicht verwendet. So ist es auch in der Mail von Mario an Laura (SB, S. 35), z.B. in der Zeile 3: *La Costa Brava es preciosa, ¿verdad?* Unterstreiche in der Mail alle Ausdrücke, die typisch für die gesprochene Sprache sind.

b Schau dir nun den Alltag von zwei sehr unterschiedlichen Brüdern, Luis und Julio, an. Verfasse dann eine Mail, die einer von beiden an eine/n Brieffreund/in schreiben würde. Benutze die Ausdrücke der mündlichen Sprache wie in der Mail von Mario.

¿cuándo?	el día de Luis	el día de Julio
Ahora	casa	bar
Por la mañana	instituto	bar
Por la tarde	museo	playa - deporte - el sol
Después	biblioteca	restaurante-paella
Por la noche	casa	escuchar música - casa
Los fines de semana	leer	piscina
Y	visitar - abuela	heladería - amigos

8 Mafalda, su familia y su peña
→ 📖 SB, S.127

Aquí hay personas del cómic «Mafalda». Con la ayuda del texto busca quién es quién. Escribe el nombre de las personas.

Quino, Joaquín Salvador Lavado, argentino, escribe Mafalda entre 1964 y 1973. Mafalda es una chica de unos 8 años. Es pequeña. Siempre busca la verdad. Es genial y lista. Su padre y su madre son altos y tranquilos. Su madre siempre está en casa. Su hermano, Guille, es pequeño; Felipe no es como Mafalda, pero es su amigo. Es pequeño también. Es fanático de los cómics. En el dibujo está cerca de Mafalda y cerca de Manolito. Manolito es un poco ignorante[1], pero él y Susanita saben lo que[2] necesitan en la vida[3]. Manolito necesita muchos supermercados porque es muy materialista y Susanita necesita un marido[4] y muchos hijos. Susanita habla mucho de sus amigos. Ella está cerca de los padres y del hermano de Mafalda.

[1] **ignorante** ungebildet – [2] **lo que** was – [3] **la vida** das Leben – [4] **un marido** ein Ehemann

Unidad 3B

1 ¿Va mucho al cine?

¿Quién hace qué? Marca con una cruz (X) la persona. Usa la información de las páginas 42 y 43 del libro del alumno.

	Mario	Laura		Mario	Laura
1. va mucho al cine	☐	☐	7. sale con los amigos	☐	☐
2. va a la academia de informática	☐	☐	8. escucha música	☐	☐
3. va mucho a bares	☐	☐	9. escribe artículos	☐	☐
4. juega al fútbol	☐	☐	10. perfecciona el español	☐	☐
5. va a la discoteca	☐	☐	11. cocina	☐	☐
6. escribe mails	☐	☐	12. compra ropa	☐	☐

2 Actividades

a Escribe la expresión adecuada debajo de los dibujos.

comprar ropa

3B Unidad

b Ahora tú: ¿Qué te gusta hacer? Habla con un/a compañero/-a.

3 Detective

a Busca en los «Correos electrónicos» de las páginas 42 y 43 los marcadores temporales *(Zeitangaben)*, p. ej. *como siempre* (Mail 2). ¡Hay 13!

_____
_____
_____

b ¿Conoces *(Kennst du)* más marcadores temporales? Claro, ¡mínimo 13 más!

_____
_____
_____

4 ¡Hay doce en la sopa!

Busca los meses en la sopa de letras *(Buchstabensuppe)*.

E	D	N	E	R	D	I	C	E	I
J	I	L	I	O	M	A	R	Z	S
U	C	F	E	B	R	E	R	O	E
N	I	Z	N	M	A	Y	O	C	P
I	E	B	E	L	G	A	B	T	T
O	M	A	R	Z	O	R	I	U	I
J	B	B	O	U	S	N	I	B	E
O	R	R	F	E	T	B	E	R	M
R	E	I	J	U	O	N	I	E	B
J	U	L	I	O	A	G	O	S	R
Z	N	O	V	I	E	M	B	R	E

22   veintidós

Unidad 3B

5 ¿Por qué quiere ir Laura a España? (§ 14)

→ 💡 **Entdecke die Regel auf S. 71!**

a Laura telefoniert mit ihrer spanischen Freundin Josefa, die schon einen Austausch in Berlin gemacht hat.

Completa con la forma correcta de los verbos.

Laura: Hola Josefa, ¿qué tal?

Josefa: Muy bien. ¿Y tú, cuándo _____ (venir)? ¿Ya _____ (tener) casa en España?

Laura: No, no _____ (tener) una casa, pero ése no es el problema. Mis padres no _____ (saber)

que _____ (querer) ir a España y no _____ (saber) cómo …

Josefa: Oye, sólo _____ (tú/pensar) perfeccionar tu español.

Laura: Sí , pero ellos _____ (querer) escuchar también otras cosas.

Josefa: Y tú, ¿por qué _____.____ (querer) venir? ¿Tu amigo español?

Laura: Sí y no. La verdad es que _____ (pensar) ir al instituto en

España. Mis amigos españoles _____ (poder) preguntar en su

instituto y buscar una casa.

Josefa: Sí, la casa y el instituto son importantes. ¿Pero no _____

(preferir) perfeccionar el español y después venir?

Laura: Pues no, el español me encanta. Ya _____ (entender) mucho, pero hablar no es fácil.

Josefa: El problema no es sólo el español. La gente no es como en Alemania.

Laura: Sí, yo sé, los españoles _____ (dormir) mucho pero yo _____ (dormir) mucho también.

Josefa: Yo no _____ (dormir) mucho y mis padres tampoco. Mucha gente _____ (pensar) eso,

pero no es verdad. ¿ _____ (querer) venir sola?

Laura: _____ (preferir) ir con una amiga. _____ (querer/nosotras) pasar 3 ó 6 meses en España

y así _____ (poder) vivir como los españoles.

Josefa: No sólo _____ (vosotras/poder) vivir como los españoles, también _____ (vosotras/poder)

sentir como ellos.

Laura: Claro, en España _____ (hacer) buen tiempo y todos son muy divertidos.

Josefa: Laura, por favor, en España no _____ (hacer) sólo buen tiempo, también hace frío y los

españoles no somos todos muy divertidos…

veintitrés **23**

3B Unidad

b Estereotipos: lee el texto completo y escribe en tu cuaderno qué piensa Laura sobre España. Y ¿qué piensas tú? Y ¿qué piensa Josefa sobre Alemania? Mira en el diccionario si necesitas más palabras.

LAURA
En España...

YO
Los españoles...

JOSEFA
Los alemanes toman sólo cerveza. / En Alemania...

6 ¿Qué es? (§ 17)

a Describe las palabras con frases relativas.

sábado   e-mail   receta   película

libro: algo que me gusta leer.

b Quiz: Busca otras palabras y descríbelas con frases relativas. Lee las descripciones (*Beschreibungen*) a tu compañero/-a y pregunta: *¿Qué es?* Tu compañero/-a responde y después pregunta a ti (*dich*).

7 ¡Qué frío!

a Frage eine/n Mitschüler/in nach dem Wetter der Städte mit leerem Eintrag. Zeichne dann nach der Antwort das entsprechende Symbol und die Temperatur ein.

b ¿Qué tiempo hace hoy en tu ciudad o región? ¿Y en España? Mira en el periódico (*Zeitung*) o en Internet.

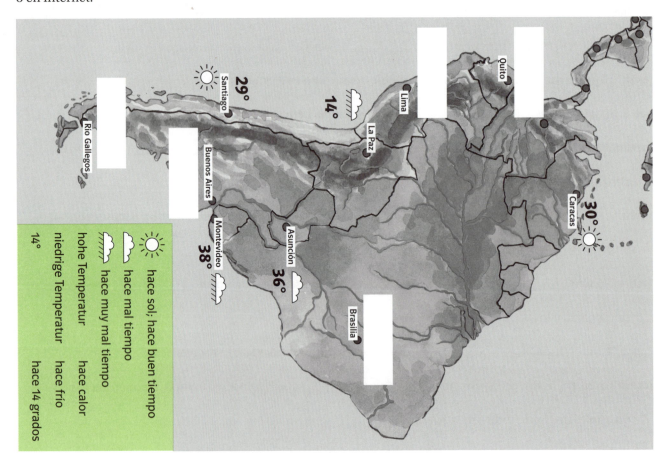

Unidad 3B

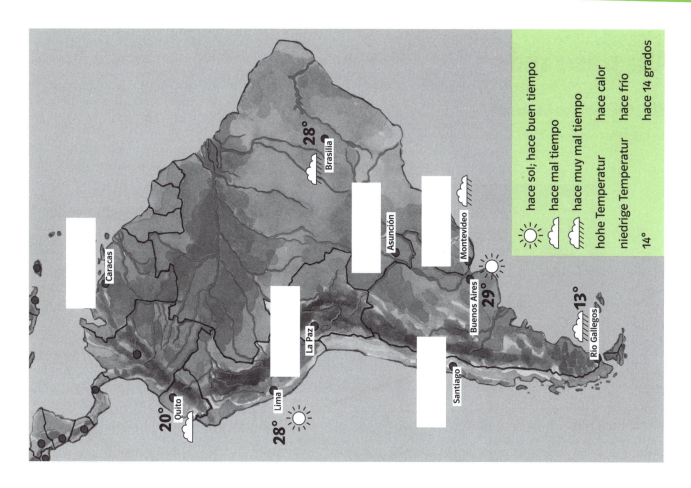

8 Tu día
→ SB, S.47

¿Qué haces tú y cuándo? Usa los marcadores temporales del ejercicio 3.

Ahora escribo un artículo y hago los deberes, pero mañana voy a …

9 Dilo en español *(Sag's auf Spanisch)*.

Escribe en tu cuaderno el diálogo entre *(zwischen)* Antonio y Sara.

Antonio	Sara
Hat eine Idee und schlägt sie Sara vor.	
	Sie macht lieber einen anderen Vorschlag und gibt eine Begründung.
Er lehnt den Vorschlag ab, gibt eine Begründung und macht einen neuen Vorschlag.	
	Sie nimmt den neuen Vorschlag an und fragt nach dem Ort der Verabredung.
Nennt einen Ort und gibt den Zeitraum an.	
	Wiederholt Ort und Zeit. Sagt, dass sie einverstanden ist. Sie verabschiedet sich.

veinticinco 25

1 Un paso más

Un paso más 1

1 ¿Qué quieres hacer hoy?

a Mira estas sugerencias *(Tipps)* de una revista.

GETXO
- **Qué:** XXI Festival Internacional de Folk de Getxo.
- **Cuándo:** 1 al 4 de septiembre.
- **Dónde:** Plaza de la Estación de las Arenas y Calle Santa Eugenia.
- **Cuánto:** Gratuito.
- **Cómo:** www.getxo.net

VITORIA
- **Qué:** Deep Purple en Azkena Rock Festival.
- **Cuándo:** 2 de septiembre a la 1.05 horas.
- **Dónde:** Recinto de Mendizabala.
- **Cuánto:** 45-50 euros.
- **Cómo:** www.azkenarockfestival. com

BARCELONA
- **Qué:** Pastora.
- **Cuándo:** 1 de septiembre a las 22 horas.
- **Dónde:** Palau de la Música Catalana.
- **Cuánto:** 25 euros.
- **Cómo:** 932 957 200.

PALENCIA
- **Qué:** Sexy Sadie.
- **Cuándo:** 2 de septiembre a las 22 horas.
- **Dónde:** Polideportivo Municipal Marta Domínguez.

VALLADOLID
- **Qué:** «Queen. We will Rock You. El musical».
- **Cuándo:** del 31 de agosto al 4 de septiembre.
- **Dónde:** Teatro Calderón.
- **Cuánto:** 20 a 36 euros.
- **Cómo:** 983 426 436 www.tcalderon.com

MADRID
- **Qué:** «La Ratonera», de Agatha Christie.
- **Cuándo:** A partir del 31 de agosto.
- **Dónde:** Teatro Muñoz Seca.
- **Cuánto:** de 18 a 24 euros.

SEVILLA
- **Qué:** «Llanto por Ignacio Sánchez Mejía».
- **Cuándo:** Hasta el 15 de octubre. De martes a sábado a las 22 horas.
- **Dónde:** Reales Atarazanas.
- **Cuánto:** 12 euros.

MADRID
- **Qué:** Sonlar. Danza cubana.
- **Cuándo:** Hasta el 4 de septiembre. De martes a viernes a las 20.30 horas. Sábados a las 19 y 22 horas y domingo a las 18 y 20.30 horas.
- **Dónde:** Teatro Madrid.

(Aus: *Tiempo*, 05.09.2005)

26 veintiséis

Un paso más 1

b Ahora completa los diálogos. ¿Dónde pasan las vacaciones y qué van a ver o hacer las personas de los diálogos?

Die Buchstaben in Klammern zeigen dir die Wortklasse bzw. Verbentypen an, nach denen in der jeweiligen Lücke gefragt ist:

> A Verben mit Diphthongierung *e-ie, o-ue*
> B *hay/estar*
> C Unregelmäßige Verben
> D Präpositionen + bestimmter Artikel
> E *ir a* + Infinitiv

Diálogo 1

◉ ¿Qué _____ (E: tú) hacer hoy (D) _____ noche?

▣ No _____ (C: saber/yo). ¿Qué _____ (A: poder/nosotros) hacer? ¿ _____ (E: nosotros) ir _____ (D) playa? Los otros (C: ir) _____ también.

◉ Siempre _____ (C: estar/nosotros) _____ (D) playa. _____ (A: preferir/yo) ir _____ (D) Festival.

▣ No _____ (A: poder/yo) porque no _____ (A: tener/yo) un euro …

◉ Hoy es gratis …

▣ Genial.

Diálogo 2

◉ Bueno, ¿cuándo _____ (D: ir/nosotros)?

▣ Hoy _____ (C: ser) 3 de septiembre … _____ (A: Poder/nosotros) ir hoy o mañana.

◉ Bueno, pues hoy. Me gusta mucho la música cubana.

▣ Sí, a mí también.

Diálogo 3

◉ Hola, por favor, ¿ _____ (B) por aquí un polideportivo?

▣ Sí, el Polideportivo Municipal Marta Domínguez _____ (B) _____ (D) calle Valverde. ¿(C: ir/vosotros) _____ (D) _____ concierto? _____ (A: Poder/nosotros) ir juntos.

Yo también _____ (C: ir).

◉ Vale. Yo me llamo Pedro y éste _____ (C: ser) Juan. ¿Y tú?

…

	Diálogo 1	Diálogo 2	Diálogo 3
¿Dónde pasan las vacaciones?			
¿Qué van a ver/hacer?			

c ¿Y tú? ¿Adónde vas a ir? ¿Qué propuesta te gusta más? ¿Por qué?

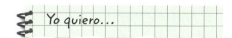
Yo quiero…

1 Un paso más

📖 2 En la calle

Jimena trifft zufällig ihren Schulfreund Jorge auf der Straße. Schreibe den Dialog.

Jorge, Jimena : Sie begrüßen sich.
Jorge: Sein Cousin Jaime ist bei ihm. Er stellt ihn Jimena vor und sagt, dass er eine Woche bei ihm verbringen wird.
Jimena: Sie stellt sich vor und schlägt vor, heute Abend ins Kino zu gehen.
Jorge: Er und Jaime können nicht, weil sie heute schon etwas vorhaben. Jorges Eltern möchten mit der ganzen Familie ins Restaurant gehen. Er fragt, was Jimena morgen machen will und ob sie nicht mit ihnen ins „La Tasquita" gehen möchte.
Jimena: Sie ist einverstanden. Sie fragt Jaime, wo er wohnt.
Jaime: Er wohnt in Barcelona.
Jimena: Sie kennt Barcelona und sagt, dass es eine sehr schöne Stadt ist. Sie verbringt manchmal mit ihren Eltern die Ferien dort, weil ihr Onkel dort wohnt.
Jaime: Er fragt, ob sie weiß, wo ihr Onkel wohnt.
Jimena: Sie weiß es, er wohnt in der Straße Tortella, in der Nähe vom Strand.
Jaime: Er sagt, dass das ein toller Stadtteil ist, sehr modern und mit vielen Kneipen.
Jimena: Sie mag den Stadtteil auch sehr.
Jorge: Er sagt, dass sie wenig Zeit haben. Seine Eltern warten.
Jimena, Jorge, Jaime : Sie verabschieden sich.

¿Qué sabes?

In den ersten Lektionen hast du eine Menge gelernt. Kreuze an, wie fit du bist.

Ich kann...	☺	😐	☹	Du kannst es hier überprüfen:
über mich sprechen.				**SB**, Unidad 2B, Taller «Yo» **CDA**, Unidad 2B, ejercicio 9
über meine Vorlieben sprechen.				**SB**, Unidad 2A, ejercicio 4 **CDA**, Unidad 2A, ejercicios 2, 10; Unidad 3B, ejercicio 1b
Begründungen erfragen und angeben.				**SB**, Unidad 2A, ejercicio 4 **CDA**, Un paso más 1, ejercicio 6
Vorschläge machen und ablehnen.				**SB**, Unidad 3B, ejercicios 6, 12 **CDA**, Unidad 3B, ejercicio 9
sagen, was ich in meiner Freizeit mache.				**SB**, Unidad 3A, ejercicio 2 **CDA**, Un paso más, ejercicio 1c
nach Plänen fragen und über Pläne berichten.				**SB**, Unidad 3B, ejercicio 11 **CDA**, Unidad 3B, Autocontrol, ejercicio 1
eine einfache Mail verfassen.				**SB**, Unidad 3A, ejercicio 9; Un paso más 1, ejercicio 3 **CDA**, Unidad 3A, ejercicio 7b
Informationen aus einem einfachen authentischen Text entnehmen.				**SB**, Unidad 3A, ejercicio 10 **CDA**, Un paso más 1, ejercicio 1 a+b
kreativ/aktiv Wortschatz lernen.				**CDA**, Unidad 2B, ejercicio 2
Ortsangaben erfragen und machen.				**SB**, Unidad 3A, ejercicio 6 **CDA**, Unidad 3A, ejercicio 6; Autocontrol, ejercicio 1
Zeiträume angeben.				**SB**, Unidad 3B, ejercicio 11 **CDA**, Unidad 3B, ejercicio 8

Unidad 4

1 Un día normal
→ 💡 Entdecke die Regel auf S. 73!

¿Qué hace Ana Lucía a qué hora?

Se levanta a las nueve y media.

2 Batalla naval (§19)

En la página 22 del libro del alumno puedes leer las reglas del juego.

Wenn du nicht mehr weißt, zu welcher Konjugationsgruppe ein Verb gehört, kannst du im *diccionario* (SB, S. 173) nachschauen.

→ 💡 Entdecke die Regel auf S. 57 im SB!

	despedirse	acostarse	sentirse bien	dormirse	irse	lavarse	salir
Yo							
tú							
él/ella							
nosotros							
vosotros							
ellos/ellas							

	despedirse	acostarse	sentirse bien	dormirse	irse	lavarse	salir
Yo							
tú							
él/ella							
nosotros							
vosotros							
ellos/ellas							

veintinueve 29

4 Unidad

3 Donde digo «digo», digo «Diego».

Du kennst schon andere Verben, die in der 1. Person Singular ein -g- haben. Übersetze diese Sätze ins Spanische und trage die Formen in die Kästchen ein z. B.: *decir → digo*.

1. Heute gehe ich mit Laura aus.
___

2. Ich fahre/komme hierher mit dem Bus.
___

3. Ich habe heute keine Zeit.
___

4. Ich mache die Hausaufgaben.
___

4 ¿A qué hora os levantáis?

a Laura pregunta a Cristina cómo es su día normal. Ordena el diálogo entre *(zwischen)* ellas. Escribe el diálogo en tu cuaderno. Después escribe los horarios debajo de las ilustraciones según el diálogo.

Laura: Vale, a ver. Primero: ¿a qué hora os levantáis?

☐ **Cristina:** No, muy poco y muy rápido. Pero comemos algo en el instituto, en el recreo, ¿sabes? A las once.

☐ **Laura:** Vale, vale. A ver ahora… ¿Cuándo coméis?

☐ **Cristina:** En el Vega del Prado empezamos a las ocho y cuarto. Mario y yo sólo tenemos clases por la mañana. Bueno, yo tengo un día por la tarde, pero Mario no. Mario sólo tiene clases por la mañana. Pero en otros institutos puede ser diferente. Algunos empiezan a las nueve, o tienen clase por la tarde.

☐ **Laura:** Vale. ¿Y a qué hora empiezan las clases?

☐ **Cristina:** Nos levantamos a las siete y cuarto.

☐ **Laura:** Ya, claro. ¿A qué hora?

☐ **Cristina:** A las dos y media. A veces después, a las tres, porque papá a veces llega tarde.

☐ **Laura:** Y, después, ¿desayunáis mucho?

☐ **Cristina:** Después del instituto.

b Esta vez Cristina pregunta a Laura cómo es su día normal. Escribe el diálogo.

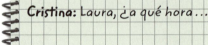

Cristina: Laura, ¿a qué hora…

Unidad 4

5 ... yo ... (§ 19)

Compara *(Vergleiche)* el día de Ana Lucía en la página 53 del libro del alumno con tu día. Usa expresiones como *yo prefiero/ yo (no) puedo/(no) quiero*. Escribe ocho frases. ¡Ojo con los pronombres!

> Ana Lucía se levanta a las nueve y media,
> yo **me** prefiero levantar | a las siete.
> prefiero levantar**me**

6 Otros bares, otro barrio (§ 22)

Haz la traducción *(Übersetzung)* del texto.

Hoy Mario sale con un amigo del instituto que vive en otro barrio. Se ven en el centro. Siempre van al mismo bar: «La Tasquita».
—¿Por qué no vamos hoy a otro bar? ¿Por qué no a una pizzería?
A Mario le gusta la idea porque le gusta mucho la pizza. En la pizzería toman una pizza y otra pizza, y otra pizza…
—Ya no puedo comer más *(mehr)*.

7 No es fácil…

Completa el texto sobre Ana Lucía con *algún, alguno, -a/s, mismo, -a/s, otro, -a/s*.

Ana Lucía es colombiana. Vive en Valladolid, le gustan la ciudad y sus amigos, pero no siempre se

siente bien. _____ días quiere volver a su país; visitar a _____ amigos colombianos en

Cali, a _____ que viven en la costa y pasar _____ tiempo en la playa.

_____ mañanas no quiere levantarse. _____ se levanta más contenta, pero, en general[1],

su vida en Valladolid es difícil: duerme poco, trabaja mucho, estudia y, además, se ocupa de

_____ colombianos que tienen problemas.

Su trabajo tampoco es bueno. Siempre el _____ problema: poca gente, pero mucho trabajo y

siempre la _____ respuesta: «Es que hablas mucho con la gente…, y no trabajas». Ella sólo

quiere ser amable. No es fácil.

8 No hacemos las mismas cosas a la misma hora.

Wähle 3 Aktivitäten aus dem Alltag aus und frage 2 Mitschüler/innen, um wie viel Uhr sie diese gewöhnlich erledigen. Fasse dann die Ergebnisse zusammen und vergleiche sie. Benutze die Pronomen *algunos/-as, mismo/-a, otro, -a/s*. Welche Unterschiede und Gemeinsamkeiten kannst du feststellen?

> Yo y Carlos no nos levantamos a la misma
> hora. Él se levanta a las 6, yo, a las 6:30.

---
[1] **en general** im Allgemeinen

5A Unidad

Unidad 5A

1 ¿Qué tal el texto? ¿Dónde se dice?

a Lee el texto en la pág. 62 del libro del alumno y contesta verdadero o falso.
Escribe también en qué línea(s) está la información.

	F	V	línea(s)
1. Los padres de Mario no conocen a Laura.			
2. Mario quiere tener a Laura en su casa.			
3. Mario y Cristina siempre ordenan sus habitaciones.			
4. A Miguel le gusta la idea de Mario.			
5. Luisa piensa que Mario y Laura se conocen muy bien.			
6. Laura va a compartir la habitación con Mario.			

b Ahora corrige los errores con frases completas como en el ejemplo.

Mario y Cristina no ordenan, sus habitaciones están ...

2 ¿Cómo te sientes?

Usa un adjetivo de la página 61 del libro del alumno para cada respuesta. Las letras de las casillas con números te dan un verbo que es algo muy importante entre *(zwischen)* amigos.

1. Me gusta mucho un/a chico/-a y yo no le gusto, me siento ☐ ☐ ☐[4] ☐ ☐ ☐ ☐ ☐

2. María tiene prisa y se siente ☐ ☐ ☐ ☐ ☐ ☐[2] ☐ ☐

3. Después de una clase divertida me siento ☐ ☐ ☐[8] ☐[3] ☐ ☐ ☐

4. Después de una noche sin dormir, me siento ☐[1] ☐ ☐ ☐ ☐[5] ☐ ☐

5. Miro un monumento conocido y me siento ☐ ☐ ☐ ☐[6] ☐ ☐ ☐ ☐ ☐ ☐

6. Mi chica/o y yo nos queremos[1] mucho, nos sentimos ☐ ☐ ☐ ☐ ☐ ☐[9] ☐ ☐ ☐ ☐

7. Tienes razón en algo, y después te sientes ☐ ☐ ☐ ☐[7] ☐ ☐ ☐

Entre amigos es muy importante: __ __ __ __ __ __ __ __ __
                                    1   2   3   4   5   6   7   8   9

[1] **quererse** sich gern haben

Unidad 5A

3 No somos los que estamos pero estamos los que somos. (§ 23)   → 💡 Entdecke die Regel auf S. 75!

a Completa con los verbos *ser* o *estar*.

Mira Laura, ésta es una foto de mi clase en el instituto. _____ 25, pero en la foto hay 23.

Los dos que faltan _____ en casa. Te voy a decir quiénes son mis amigos. Bueno, a ver,

la chica que _____ rubia y que tiene el pelo largo, _____ Juanita. Ella _____ muy

amiga del chico de las gafas, es el chico que _____ alto y delgado y que en la foto

_____ muy moreno pero ¡él _____ muy blanco! _____ muy gracioso. Te va a

gustar mucho. Se llama Carlos. Bueno, y la chica que _____ un poco enfadada en la foto,

pero que _____ muy simpática, _____ Maite. Parece enfadada pero es por el sol …

Y el profe _____ un tío genial. _____ joven y muy simpático. Nos gusta ir a su clase.

Y a las chicas les encanta porque _____ muy guapo, moreno y lleva gafas. ¿Sabes dónde

_____ yo?

b ¿Puedes localizar a las personas que Mario describe? Pon los nombres de las personas encima *(auf)* del dibujo.

treinta y tres 33

5A Unidad

4 ¿Qué acabas de hacer? (§ 16; § 24)

Forma frases con las formas de *acabar de* e *ir a* + infinitivo.

Ejemplo:
Hablo con Laura – escribo
→ Acabo de hablar con Laura y ahora le voy a escribir.

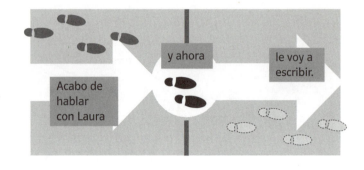

1. Hacemos un ejemplo – hacéis todo el ejercicio
2. Hago mis deberes – juego al fútbol
3. Hacéis la compra – cocináis
4. Conoces a Laura – tienes a Laura en casa
5. Cambiamos algunas cosas en la habitación – recibimos a Laura
6. Pongo la mesa – comemos algo
7. Limpia el suelo – tira la basura
8. Aprenden español – van a España

5 Los quehaceres (*Die Hausarbeiten*) (§ 25)

a Mira la habitación de Mario: hay mucho que hacer. Forma frases con *tener que*.

b ¿Qué hay que hacer en tu casa en días normales?

c ¿Qué cosas tienes que hacer tú en casa?

→ SB, S. 125–126, Nr. 3

Unidad 5A

6 Laura habla con Mario. (§ 26)

Mario llama a Laura antes del viaje (*Reise*). Completa el diálogo con la forma correcta del pronombre.

Mario: Aquí todos _____ esperamos… tu habitación _____ va a encantar. ¿_____ falta algo?

Laura: Bueno, Mario, la verdad es que ya tengo todo listo[1], no _____ falta nada. Pero…

Mario: Mi madre dice que primero _____ **(ihr)** va a dar mucho trabajo y que tenemos que

compartir todo y ocupar _____ de ti[2]…

7 ¿Cómo son? Y ¿cómo están?

a Mira los tres dibujos, describe a las personas e inventa (*erfinde*) una historia.
Escribe la historia en tu cuaderno.

b Ahora continúa la historia con un diálogo, p. ej. saludo, presentación…

_____

_____

_____

_____

_____

_____

_____

_____

_____

_____

_____

c Un poco de teatro: estudia el diálogo con un/a compañero/-a y presentadlo en clase.

[1] **listo** fertig – [2] **de ti** um dich

treinta y cinco **35**

5B Unidad

Unidad 5B

1 ¿Qué para quién?

Escucha o lee el texto en la pág.70 del libro del alumno y elige la respuesta correcta.

1. La estantería y el armario son para
   - [ ] Cristina.
   - [ ] Laura.
   - [ ] las dos chicas.

2. Cristina está
   - [ ] contenta.
   - [ ] enfadada.
   - [ ] animada porque Laura llega.

3. Cristina
   - [ ] necesita mucho.
   - [ ] necesita poco.
   - [ ] no necesita las muñecas.

4. Ponen el equipo de música
   - [ ] a la derecha del escritorio.
   - [ ] a la izquierda del escritorio.
   - [ ] al lado de la cama de Cristina.

5. Mario y Cristina meten
   - [ ] la ropa de verano
   - [ ] la ropa de invierno[1]
   - [ ] toda la ropa de Cristina en el armario del pasillo.

6. Mario
   - [ ] no espera a Ana Lucía.
   - [ ] espera a Ana Lucía.

2 ¡Ten cuidado!

a Escribe los nombres de las partes y cosas de la casa.

b Eva, la tía de Mario, va a vivir en un apartamento nuevo. Mario y otras tres personas la ayudan. Escucha el texto y marca con una «x» las palabras que oyes.

c ¿Qué muebles (*Möbel*) están/hay o no en qué parte del piso? Escribe 5–6 frases.

36 treinta y seis

[1] **el invierno** der Winter

Unidad 5B

3 Detective de pronombres (§ 28)

Aquí hay algunas frases del texto en la pág. 70 del libro del alumno.

Worauf beziehen sich die Akkusativpronomen im Text?

Ejemplo: Pone**la** debajo de los pósteres. → Poned <u>la cama</u> debajo de los pósteres.

1. Mételas en una bolsa.

2. No la quiero en mi habitación.

3. Ya no las necesito.

4. Los puedes poner encima de la mesa.

5. Los necesito, son los diccionarios.

6. No, lo prefiero allí, a la derecha del escritorio.

7. Lo podemos poner al lado de tu cama.

8. … con el frío que hace no los necesitas ahora.

4 Los cedés de Celtas Cortos (§ 28)

Completa el diálogo y pon los pronombres en el sitio correcto.

Mario: Cristina, ¿dónde tienes tus cedés?

Cristina: _____ tengo _____ encima del escritorio.

Mario: A ver… no, no _____ veo _____.

Cristina: Entonces es que _____ tengo _____ en mi bolsa.

Mario: ¿Y dónde _____ tienes _____?

Cristina: Yo ya no conozco mi dormitorio y por eso no sé dónde _____ tengo _____. ¿Qué cedés necesitas tú?

Mario: Busco los de Celtas Cortos.

Cristina: Pues buscamos juntos.

Mario: Aquí están, _____ tengo _____ . Quiero el de la canción que dice …

Cristina: Pues aquí _____ tengo _____ con la canción de …

Mario: Sí, sí, también _____ conozco _____ .

Cristina: ¿Y por qué _____ quieres _____?

Mario: El grupo es de Valladolid y pienso que Laura no _____ conoce _____.

Cristina: ¡Ay, siempre Laura!

5B Unidad

📖 **5** ¡Tira la basura!

Mira el dibujo de la pág. 34 y escribe 8 imperativos a Mario.

→ 💡 **Entdecke die Regel auf Seite 77!**

¡Tira la basura!

6 Qué fácil es...

a Escribe las frases con el imperativo y si es necesario con el pronombre.

Ejemplo: ¿Me escuchas, por favor? → ¡Escúchame (por favor)!

1. ¿Abres la puerta, por favor?   → _____.

2. ¿Me ayudas, por favor?   → _____.

3. ¿Escribes el e-mail, por favor?   → _____.

4. ¿Lees el texto, por favor?   → _____.

5. ¿Coméis con los abuelos?   → _____.

6. ¿Ponéis el cedé?   → _____.

b Ahora contesta:

Ejemplo: ¿Qué cedé <u>pongo</u>? → Pon el cedé de Celtas Cortos

1. ¿Con quién <u>salgo</u>, con Rafael o con Pedro?   → _____.

2. ¿Qué <u>hago</u> hoy?   → _____.

3. ¿<u>Vengo</u> sola o con un amigo?   → _____.

👥 **c** Ahora tú: escribe tres preguntas como en la parte b) y pásalas (*gib sie ... weiter*) a un/a compañero/-a. Él/ella contesta con el imperativo y los eventuales pronombres.

_____

_____

_____

_____

38 treinta y ocho

Unidad 5B

7 Solicitud familiar

Deine Familie möchte sich als Gastfamilie für Schüler/innen aus Spanien bewerben.
Ayuda a tus padres a rellenar el formulario[1] en español. Usa el diccionario.

Solicitud familiar de recepción de estudiantes – Host family application

Estamos interesados en – *We are interested in*

☐ Programa escolar: (10 meses) ☐ Programa de invierno (2 meses) ☐ Programa de verano (4 semanas)
  Year Program (10 months)   *Winter Program (2 months)*   *Summer Program (4 weeks)*

Preferimos – *We prefer*

☐ chico – *boy* ☐ chica – *girl*   sólo aceptamos – *only*   ☐ chico – *boy*   ☐ chica – *girl*

Procedencia – *From*

☐ USA   ☐ Europa   ☐ Oceanía   ☐ Asia   ☐ Latinoamérica   ☐ Indistinto

Información sobre la familia – *Family information*

Otros datos – *Other information*

☐ ¿Cuántos miembros de la familia fuman?   ☐ ¿Tienen animales? ¿Cuáles?   ☐ ¿Dentro de la casa?
  Any smoker in the family?   *Any pets? Which?*   *Indoors?*

¿Tienen instrumentos musicales? – *Have you got any musical instruments?* _____

¿Compartirá el estudiante habitación?   ☐ Sí ☐ No   ¿Con quién? _____
Will student share room?   *With whom?*

¿Qué idioma se habla habitualmente en casa? – *Language usually spoken at home?* _____

Características familiares – *Family traits*

1 = nada – *nothing*   **2** = poco – *a bit*   **3** = suficiente – *enough*   **4** = bastante – *quite*   **5** = mucho – *very much*

Su familia se considera – *You would define your family as:*

☐ Tradicional – *traditional*   ☐ Tolerante – *tolerant*   ☐ Divertida – *fun*
☐ Conservadora – *conservative* ☐ Democrática – *democratic*   ☐ Tranquila – *calm*
☐ Progresista – *progressive*   ☐ Estricta – *strict*   ☐ Expresiva – *expressive*
☐ Liberal – *liberal*   ☐ Disciplinada – *disciplined*   ☐ Tímida – *shy*
☐ Moderna – *modern*   ☐ Desordenada – *untidy*   ☐ Habladora – *talkative*
☐ Clásica – *classic*   ☐ Perfeccionista – *perfectionist*   ☐ Seria – *serious*

Los miembros de su familia llevan una vida – *The family members are:*

☐ Independiente – *independent* ☐ Casera – *homely*   ☐ Tranquila – *quiet*
☐ Compartida – *sharing*   ☐ Viajera – *well-travelled*   ☐ Planificada – *well-planned*
☐ Organizada – *organized*   ☐ Deportiva – *sportive*   ☐ Social – *social*

Comentarios adicionales de la familia – *Family statement*

Describa brevemente los miembros de la unidad familiar – *Briefly describe the family members:*

_____

_____

_____

_____

Describa un día normal de su familia durante la semana – *Describe a typical weekday in your family:*

_____

_____

_____

_____

---

[1] **rellenar el formulario** Formular ausfüllen

5B Unidad

¿Qué colaboración aportan los miembros de la familia en las tareas domésticas?
What type of chores do you expect family members to do in the house?

_____

_____

_____

¿Cuáles son las reglas no negociables? (horarios, salidas y entradas, etc…)
Do you have any non-negotiable rules in your household? (such as curfew, …)

_____

_____

_____

Aus dem Formular von *AFS Intercultura*

8 El español y otros idiomas

a Hay muchas palabras que entendemos por otros idiomas porque se parecen o son iguales *(gleich)*.
Completa la tabla.

Palabra en alemán	Palabra en inglés	Palabra en español	Was ist anders?
<u>Interessiert</u> sein an			
		el programa	
Mitglieder			
	occupation		
		instrumentos musicales	
	strict		
		seria	

b Wie heißen die Wörter auf Französisch? Und auf Latein? Kennst du sie noch in weiteren Sprachen?

9 Familias de palabras

Forma frases para explicar *(erklären)* el significado de las palabras.

habladora → una persona que habla mucho.

casero → _____

viajera → _____

deportivo → _____

planificada→ _____

Unidad 6

1 ¿Sí o no?

a Marca la respuesta correcta según el texto de la pág. 78 del libro del alumno y escribe la línea donde lo dice.

	Sí	No	Línea(s)
1. Yilton ha vendido ropa en las calles.	☐	☐	
2. Yilton ha intentado buscar trabajo.	☐	☐	
3. Yilton está en España para estudiar.	☐	☐	
4. La familia de Yilton es pobre.	☐	☐	
5. Yilton tiene permiso de residencia.	☐	☐	
6. Yilton ha sido detenido.	☐	☐	
7. Ana Lucía, Mario y su madre pueden ver a Yilton.	☐	☐	

2 Reaccionad

a Aquí tienes una lista de fórmulas para reaccionar *(reagieren)* en algunas situaciones (algunas están también en el texto de la pág. 78 del libro del alumno). ¿Conoces otras? Escríbelas en las casillas.

¡Muchísimas gracias por su ayuda! ¿Cómo? Nada, nada, no te preocupes. Venga, ¡vamos! Por favor… Un momento, por favor. Sí, gracias. ¡Qué bien! ¡Lástima! ¡Qué desastre! ¡Hasta pronto! ¡Pues sí! Lo siento. ¡Qué suerte! ¡Qué sorpresa!

b Spielt nun in 3-er oder 4-er Gruppen. Jede/r hat einen Spielstein und statt zu würfeln wird eine Münze geworfen (Kopf = ein Kästchen vor, Zahl = 2 Kästchen). In jedem Kästchen steht eine Aussage – ¡reacciona! Dann ist ein/e andere/r Mitschüler/in dran. Wer falsch reagiert, muss von vorne anfangen!

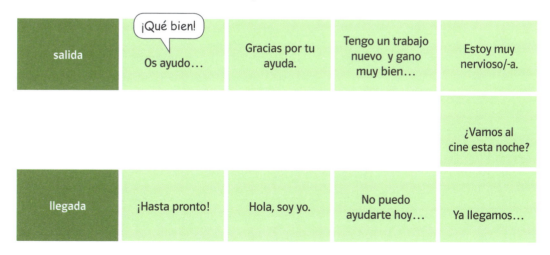

salida	¡Qué bien! Os ayudo…	Gracias por tu ayuda.	Tengo un trabajo nuevo y gano muy bien…	Estoy muy nervioso/-a.
				¿Vamos al cine esta noche?
llegada	¡Hasta pronto!	Hola, soy yo.	No puedo ayudarte hoy…	Ya llegamos…

cuarenta y uno 41

6 Unidad

3 En español (§ 33)

a ¿Qué dice la gente en España en las siguientes situaciones? Usa *tú* o *usted/es* según la situación.

Was sagt ...
1. ein Tourist zu einem Polizisten, um zu erfahren, ob dieser Deutsch spricht?
2. eine Mutter zu ihren Kindern, wenn sie wissen will, ob diese Hunger haben?
3. der Direktor der Schule zu einem Schüler, wenn er möchte, dass dieser die Prüfung noch einmal versucht?
4. ein junger Mann zu seinen älteren Nachbarn, um herauszufinden, was mit ihnen los ist und worüber sie sich beklagen?
5. ein Polizist zu zwei Frauen auf der Straße, um zu fragen, ob sie Hilfe brauchen?

b ¿Qué dicen ellos? Inventa una o dos frases.

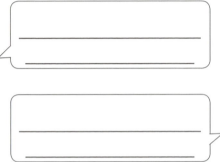

4 Hasta ahora

Yaya, un joven inmigrante africano, habla de su vida. Forma por lo menos ocho frases como en el ejemplo. Puedes usar sujetos y verbos varias veces, dejar otros (y añadir más, si quieres). Usa también las palabras de la casilla en sitios adecuados.

→ Entdecke die Regel auf Seite 79!

siempre • hoy • esta mañana • este año • durante todo este año

(yo)		vivir		mucho
(tú)	hemos	trabajar		mi padre
toda mi familia		ganar	(a)	la escuela
todo	has	poder ir		una formación[2] muy buena
mi madre		recibir	(con)	mi ciudad para ir a España
mis 5 hermanos y yo	ha	ser		una ciudad pequeña
(nosotros)		soñar	(de)	de Somalia
mis padres siempre han dicho: vosotros	han	cambiar venir	(en)	problemas estudiar en la universidad
los problemas	he	detener	(sin)	miedo[3]
soldados		perder[1]		el mejor
mis padres	habéis	conseguir		poco
(ellos)		tener		
		salir		

 Toda mi familia ha vivido siempre en una ciudad pequeña de Somalia.

42 cuarenta y dos

[1] **perder** verlieren – [2] **la formación** die Ausbildung – [3] **el miedo** die Angst

5 La vida no es fácil (§ 31)

Un chico de Marruecos *(Marokko)* escribe a su madre. Completa el mensaje con la forma correcta de pretérito perfecto de los verbos indicados. Cuidado con la posición de los pronombres.

Querida mamá:

Abdel y yo _____ (llegar) bien a España. _____ (ayudarnos) un chico que _____ (conocer) en el viaje[1]. Su hermano, que ya vive desde hace[2] cinco años en España, _____ (darnos) la dirección de algunos de sus amigos. Ellos _____ (ocuparse) de Abdel, que está muy cansado del viaje. _____ (enseñarle) su cama y él _____ (dormirse). No te preocupes, después de despertarse va a estar bien.

Los chicos aquí son muy amables, pero esta mañana _____ (tener) problemas. La policía _____ (quitarles) a algunos de sus compañeros las cosas que venden en la calle. Ellos _____ (irse) muy rápido y la policía no _____ _____ (detenerlos), como a sus compañeros. Pero _____ (tener) que dejar allí todas sus cosas. La vida aquí no va a ser fácil.

_____ (mandarte) ya varios mensajes. ¿_____ (recibirlos)?

Muchos besos, Omar

6 ¿Qué ha hecho? (§ 31)

¿Qué han hecho hoy estas personas? Describe su día.

6:00

6:45

7:15

7:30

---
[1] **un viaje** eine Reise – [2] **desde hace** seit

6 Unidad

A las seis se ha levantado ...

7 ¿Qué piensas? (§ 32)

¿Qué piensas de la vida, la situación y el futuro de los chicos de los ejercicios 4 y 5? Formula cinco preguntas con *creer que, pensar que, parecer que*. Después haz tus preguntas a un compañero o una compañera y él / ella contesta.

¿Piensas que venir a España ha sido una buena idea de Omar y Abdel?

8 ¿Qué ha pasado?

Mira las dos fotos y elige una.

a ¿Quiénes pueden ser las personas de la foto? ¿Qué ha pasado? ¿Qué va a pasar?
Escribe 5-6 frases. Usa *antes de / después de / para* + infinitivo y *creer que / pensar que / parecer que*.

b Con tus ideas del ejercicio 8a haz

– un diálogo entre las dos personas (si has elegido la foto 1).

o

– una entrevista *(Interview)* a una de las personas (si has elegido la foto 2).
Escribe las preguntas y las respuestas.

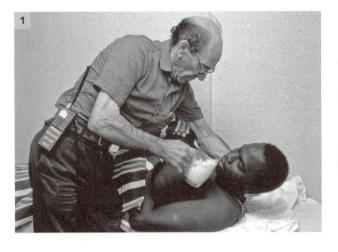 

Un paso más 2

Un paso más 2

📖 ■ **Languages, langues, Sprachen, idiomas…**

a Aquí tienes unas cartas que un chico y una chica han mandado a una revista. Complétalas.

Die Buchstaben in Klammern zeigen dir, wonach in der jeweiligen Lücke gefragt wird:

> A Perífrasis verbales:
>   acabar de, hay que/tener que
> B ser/estar/tener/llevar
> C mismo, algún, otro
> D Expresar opinión
> E Unregelmäßige Verben
> F Pronomenstellung
> G perfecto

Es importante para tu futuro

A mí también me gusta mucho el francés. Pero no es fácil: _____ (A) estudiar muchos verbos irregulares y

la pronunciación es muy difícil: _____ (A) practicar y practicar. Pero yo vivo en Bilbao y _____

(E) a varios chicos y chicas franceses. Este verano _____ (E) un mes en casa de Sandrine y luego

_____ (G) a Bilbo[1] dos semanas. Ahora es mi mejor[2] amiga. Mi instituto hace también _____ (C)

intercambios con institutos franceses. Aquí el francés es muy importante: Francia es nuestra vecina y para muchos

trabajos _____ (A) saber francés. Yo _____ (D) que el francés es importante para tu futuro, éste

es un argumento. Tus padres _____ (A) entender (F). _____ (A) entender (F).

Yolanda, 15 años

¡Socorro! No sé mucho inglés

_____ (A) conocer a una chica inglesa. Y me encanta, yo _____ (D) que es

la chica de mi vida. _____ (B) muy contento y… ¡muy nervioso! _____ (A)

conocer _____ (F) (a ella), pero… es ella la chica para mí, lo sé.

Hace un intercambio en casa de mi mejor amigo. _____ (B)… perfecta: simpática,

guapa.

_____ (B) el pelo largo, _____ (B) rubia y _____ (B) un

pearcing en la nariz[3]… ¡precioso!

Tenemos los _____ (C) años, nos gustan las _____ (C) cosas… Ya _____

_____ (G) juntos con amigos al cine, a bares, y _____ (B) muy divertida.

---

[1] **Bilbo** Bilbao auf Baskisch – [2] **mejor** beste/r – [3] **nariz** Nase

cuarenta y cinco **45**

2 Un paso más

Sólo tengo un problema: no _____ (E) mucho inglés y _____ (E) hablar mucho con ella. Mi amigo siempre _____ (A) traducir _____ (F) (a nosotros)... ¿Qué puedo hacer?   Luis, 16 años.

b ¿Qué carta de arriba *(oben)* contesta a esta carta de Inma?

No quiero aprender alemán

Mis padres quieren que el año próximo elija alemán como segunda lengua, pero yo prefiero francés. Además, no conozco a nadie que hable alemán para poder practicarlo. He intentado decirles que soy yo la que voy a estudiar ese idioma y no ellos. ¿Cómo puedo convencerlos?

Inma, 13 años

Aus «Okapi», Nov. 2005

c Escribe ahora tú una respuesta a Inma. Piénsala bien: busca argumentos. Puedes usar el diccionario.

¿Qué sabes?

Nun hast du schon zwei Drittel deines Buches geschafft! Kreuze jetzt an, wie fit du bist.

Ich kann...	☺	😐	☹	Du kannst es hier überprüfen:
nach der Uhrzeit fragen und angeben.				**SB**, Unidad 4, Primer paso 4, ejercicio 4 **CDA**, Unidad 4, ejercicio 1
den Tagesablauf beschreiben.				**SB**, Unidad 4, ejercicio 7a **CDA**, Unidad 4, ejercicios 1, 4, 5, 7
Personen beschreiben.				**SB**, Unidad 5A, Primer paso, ejercicios 2, 3, 13 **CDA**, ejercicio 8
sagen was ich/man tun muss.				**SB**, Unidad 5A, ejercicios 5, 6 **CDA**, Unidad 5A, ejercicio 3
mein Zimmer beschreiben.				**SB**, Unidad 5B, Taller **CDA**, Unidad 5B, ejercicio 7
Anweisungen geben und verstehen.				**SB**, Unidad 5B, ejercicio 5 **CDA**, Unidad 5B, ejercicios 5, 6
meine Meinung äußern.				**SB**, Unidad 6, ejercicios 2, 3 **CDA**, Un paso más 2, 1c
sagen was ich gemacht habe.				**SB**, Unidad 6, ejercicios 5, 6 **CDA**, Unidad 6, ejercicio 3
Absichten und Ziele formulieren.				**SB**, Unidad 6, ejercicio 8 **CDA**, Unidad 5A, ejercicio 4

Unidad 7A

1 El horario de Victoria

Completa el horario de Victoria, una chica española que está en 1º de Bachillerato. Pregunta a tu compañero/a lo que te falta. A él/ella también le falta algo. Usa los recursos de la casilla.

> ¿Qué tiene Victoria los lunes/martes… a primera/segunda… hora?
> Los lunes a primera hora tiene inglés/matemáticas…
>
> ¿Dónde tiene clase?
> Los martes tiene inglés en el primer/tercer/segundo piso.

	lunes	martes	miércoles	jueves	viernes
8:15 – 9:05	matemáticas 3º piso			geografía e historia	
9:10 – 10:00		música 1º piso / aula 15			educación plástica y visual 1º piso / aula 13
10:05 – 10:55	deporte gimnasio		tecnología 3º piso		matemáticas 3º piso
Recreo					
11:25 – 12:15	inglés 1º piso / aula 18	optativa: alemán 3º piso	geografía e historia 3º piso	música 1º piso / aula 15	
12:20 – 13:10			matemáticas 3º piso		
13:15 – 14:05	lengua y literatura 3º piso	deporte gimnasio		religión 3º piso	tutoría biblioteca

---

Recursos para el compañero/a (casilla invertida en la página):

	lunes	martes	miércoles	jueves	viernes
8:15 – 9:05		física y química 2º piso	optativa: alemán 3º piso		educación plástica y visual 1º piso
9:10 – 10:00	música 1º piso		optativa: alemán 3º piso	física y química 3º piso	
10:05 – 10:55		inglés 3º piso		inglés 3º piso	
11:25 – 12:15					inglés 1º piso
12:20 – 13:10	geografía e historia 3º piso	biología 3º piso		tutoría biblioteca	lengua y literatura 3º piso
13:15 – 14:05			lengua y literatura 3º piso		

> ¿Qué tiene Victoria los lunes/martes… a primera/segunda… hora?
> Los lunes a primera hora tiene inglés/matemáticas…
>
> ¿Dónde tiene clase?
> Los martes tiene inglés en el primer/tercer/segundo piso.

7A Unidad

2 Cosas buenas y cosas malas (§ 36) → 💡 Entdecke die Regel auf Seite 81!

Expresa y explica tu opinión sobre estas cosas y personas como en el ejemplo.
Escribe las frases en tu cuaderno. Usa *bien/mal* o *bueno/malo*.

> Mi amigo Pedro es un buen compañero porque siempre me ayuda en clase.

libro de español · instituto · móvil · compañero · discotecas · equipo de música · ordenador · biblioteca · supermercado · polideportivo · película · «...»

3 Una ciudad a las siete de la _____. → 💡 Entdecke die Regel im SB, S. 91!

a Mira el dibujo. ¿Qué momento del día es? Completa el título del ejercicio.

b ¿Qué pasa en la ciudad a esta hora? Describe el dibujo y usa *estar* + gerundio. Puedes usar el diccionario.

¡Ojo!
decir → diciendo   -e- → -i-
dormir → durmiendo   -o- → -u-

4 Alguien de Bogotá (§ 37)

Un chico de Bogotá te cuenta *(erzählt)* algo de su vida. Completa el texto con *algún/-os, alguna/-s* o *todo/-a/-s* + artículo, dónde lo necesitas.

Bueno, yo me levanto _____ mañanas a las 5:30. Mi padre nos lleva al colegio casi _____

mañanas, _____ días nos lleva mi madre, pero ella empieza a trabajar a las 7 y no puede llevarnos

siempre. Cuando llego al instituto, _____ de mis compañeros ya están allí. Paso casi _____

48   cuarenta y ocho

Unidad **7A**

día en el colegio, hasta las 3:30. _____ comemos en la cafetería a las 12:30. A las 3:30 viene mi madre y vamos a casa. _____ tardes voy a jugar al fútbol, pero, eso sí, _____ tardes estudio. Los fines de semana vamos a ver a mis abuelos, bueno _____ vamos al fútbol con mi papá o al río con _____ familia. _____ sábados salgo con mis amigos, pero no _____.

5 Una chica y dos vidas (§ 40)

a Éstas son algunas de las cosas que hace Montse, una chica española de 15 años. Compara lo que hace durante la semana y el fin de semana. Parecen dos vidas diferentes… Apunta las diferencias en tu cuaderno. Usa las expresiones *más/menos que* y *tanto como*.

entre semana	los fines de semana
duerme de 11:00 a 7:45	duerme de 1:00 a 11:00 de la mañana
ve la televisión: 2 horas al día	Ve la televisión 4 horas al día
sale con sus amigos 2 horas al día	sale con sus amigos 8 horas
busca en Internet 3 horas a la semana	busca en Internet 1 hora
habla con sus amigos por Chat 3 horas a la semana	habla con sus amigos por Chat 30 minutos
juega al ordenador 1 hora al día	juega al ordenador 1 hora al día
estudia 10 horas a la semana	estudia 2 horas

b Compara en tu cuaderno tu vida con la de Montse. Puedes usar las expresiones *más/menos que* y *tanto como*.

6 Una revista

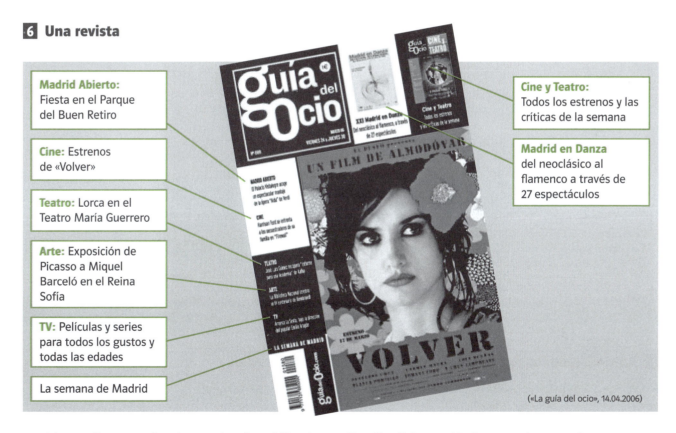

Madrid Abierto: Fiesta en el Parque del Buen Retiro

Cine: Estrenos de «Volver»

Teatro: Lorca en el Teatro María Guerrero

Arte: Exposición de Picasso a Miquel Barceló en el Reina Sofía

TV: Películas y series para todos los gustos y todas las edades

La semana de Madrid

Cine y Teatro: Todos los estrenos y las críticas de la semana

Madrid en Danza del neoclásico al flamenco a través de 27 espectáculos

(«La guía del ocio», 14.04.2006)

a ¿Cómo se llama en alemán este tipo de publicaciones (*Veröffentlichungen*)? ¿Conoces alguna revista en alemán como ésta?

_____

cuarenta y nueve **49**

7A Unidad

b Busca la traducción de las palabras:

Kino: _____   Kunst: _____

Theater: _____   Fernsehen: _____

c Qué crees que podemos encontrar *(finden)* en «Madrid abierto»?

☐ Veranstaltungen im Freien ☐ ein Tennisspiel ☐ Diskotheken, die bis 4 Uhr morgens offen sind.

d ¿Qué crees que puede ser «Madrid en Danza»?

_____

e Auf dem Cover siehst du ein Filmplakat, auf dem eine Frau abgebildet ist. Was für eine Handlung stellt ihr euch unter dem Filmtitel vor?

_____

 7 ¿Dónde quedamos?

Aquí tenéis algunas actividades de una ciudad española para el fin de semana. Queda con dos compañeros / compañeras para ir a tres actividades diferentes. Después contad a la clase qué vais a hacer.

SÁBADO

TEATRO
La Dama Boba de Lope de Vega, Teatro Borges, 21:00 h.
Una clase estupenda, alumnos del Instituto Calderón de la Barca en el Salón de Actos del Instituto, 17:00 h.

ARTE
Museo de Arte Contemporáneo: *El arte en la Unión Europea*, 10:00 – 21:00 h, lunes cerrado
Museo de América: *La educación para los incas*, 10:00 – 20:00 h, lunes cerrado

CINE
Cine Palafox: *Narnia*, 16:30, 19:00 h
Cine Lux: *El penalti más largo del mundo*, 17:00, 20:00 h
Cine Saura: *El Cid*, 17:00, 20:00

DEPORTES
I. Maratón de la ciudad. Recorre la calle Colón hasta la Plaza de la Constitución.

OTROS
Fiesta del barrio La Ventilla, feria y actuaciones en vivo
Concierto de **Celtas Cortos**, 20:00 h, Plaza de Toros
Música clásica: Concierto de Falla, Auditorio Nacional

DOMINGO

TEATRO
La Dama Boba de Lope de Vega, Teatro Borges, 21:00 h.

8 Adivina, adivinanza *(Rätsel)* …

a Escribe 5 adivinanzas *(Rätsel)* de personas y cosas. Empieza la adivinanza con: «Es alguien que… / Es una cosa que…»

Ejemplo: ◉ Es alguien que vive y trabaja en Valladolid, pero que no es española.
◼ Ana Lucía.

 b Ahora juega con un/a compañero/-a.

50 cincuenta

Unidad 7B

1 De compras por Valladolid

Aquí tienes seis escenas con Cristina y Laura. Lee el texto «De compras por Valladolid» en el libro del alumno (p. 96-97) y escribe qué es correcto o no en estas escenas.

2 Números

Contesta las preguntas y escribe los números en letras.

1. ¿Cuántos días tiene un año? _____

2. ¿Cuántos días tiene el invierno? _____

3. ¿Cuántas horas tiene una semana? _____

4. ¿Cuántos minutos tienen dos horas? _____

5. ¿Cuántos segundos tienen cuatro minutos? _____

3 El tiempo durante el año

a ¿Qué tiempo hace en tu pueblo/ciudad en las diferentes estaciones *(Jahreszeiten)* del año? Completa la tabla.

Primavera (*marzo*, _____, _____)	Verano (_____, julio, _____)
En primavera... _____	En verano... _____
Otoño (_____, _____, _____)	Invierno (_____, enero, _____)
En otoño... _____	En invierno... _____

7B Unidad

b ¿Cómo es el tiempo en Colombia? Compara con tu país.

24 de mayo

9 de julio

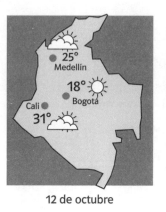
12 de octubre

25 de enero

4 ¡Nada! (§ 41)

La madre de Mario lo ve un poco triste. Contesta sus preguntas. ¡Cuidado con la doble negación!

Madre de Mario	Mario
Mario, ¿estás aquí? ¿No quieres ir de compras?	(Nein, ich muß nichts kaufen.)
¿Y por qué no has ido con Laura y Cristina?	(Ich möchte mit ihnen nicht einkaufen gehen, ich habe Hausaufgaben.)
Ah, vale. ¿Has visto a papá?	(Nein, ich habe heute niemanden gesehen.)
¿Tienes algo para lavar?	(Nein, ich habe nichts.)
¿Quieres comer algo? ¿Un bocadillo?	(Nein, danke, ich möchte nichts.)
¿Te pasa algo?	(Nein, Mama, nichts ist los mit mir.)
Mario, ¿tienes problemas con algún amigo?	(Nein, ich habe mit niemandem Probleme, und lass mich jetzt bitte lernen.)
Vale, vale. Me voy. La madre de Mario piensa: «No tiene problemas con ningún amigo, pero a lo mejor con una amiga…»	

Unidad 7B

5 Las ofertas de la semana (*Angebote*)

a Aquí tienes las ofertas de dos supermercados (*Supermärkte*), uno de Valladolid y otro de Medellín en Colombia. En parejas, uno escribe los productos en los folletos (*Prospekte*) aquí y el otro en los de la pág. 54. Algunos productos tienen otros nombres. ¿Cuáles?

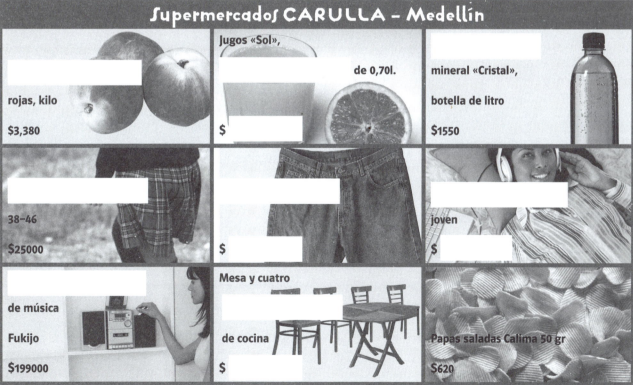

($ = peso colombiano)

b Pregunta ahora a tu compañero/-a por los precios que te faltan.

7B Unidad

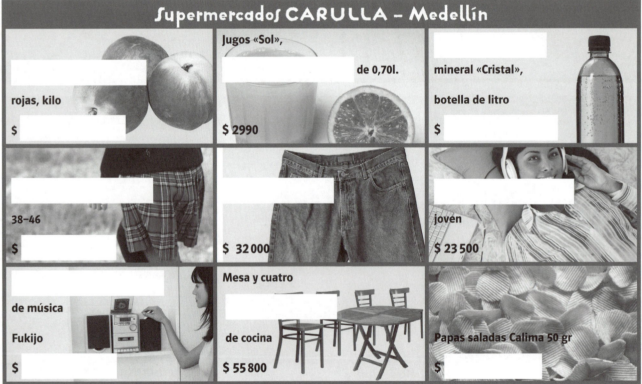

($ = peso colombiano)

- **c** Busca cuántos euros son $100. Compara las ofertas de los dos supermercados en tu cuaderno.
- **d** ¿Y en tu ciudad/pueblo? Busca los precios de estos productos y compáralos en tu cuaderno.

6 En la frutería (§ 42)

Escribe un diálogo de la madre de Mario con el frutero. Usa *este/-a, ese/-a,* o *aquello/-a*, con acento si lo necesitan.

Unidad 8A

Unidad 8A

1 ¿Lo sabes?

Lee las frases y marca la columna adecuada (*richtige Spalte*) a lo que sienten o piensan las personas. ¿Con qué frases lo expresan Laura y Mario en los textos de la pág. 105? Escribe las expresiones debajo de las frases.

	☺	☺	☹
1. Eso piensa Laura del artículo de Mario. *Me encanta.*	X		
2. Cómo se siente Mario cuando ve a Laura con un chico en el concierto.			
3. Cómo se siente Laura cuando sabe que Mario la ve en el concierto y no la llama.			
4. Cómo se siente la gente durante el concierto de Celtas Cortos.			
5. La situación de Celtas Cortos en 1987.			
6. La situación de Celtas Cortos en 1990.			
7. Eso siente Goyo cuando toca delante del público.			

2 ¿Cuántos?

Mira el texto sobre los Celtas Cortos (SB, pág. 105) de Mario y haz las preguntas con *cuánto, cuánta, cuántas, cuántos*.

1. ¿_____? —Uno.

2. ¿_____? —Con dos.

3. ¿_____? —Durante dos horas.

4. ¿_____? —Casi media hora.

5. ¿_____? —Unos cien.

6. ¿_____? —Diez.

7. ¿_____? —No lo saben, pero muchos.

8. ¿_____? —Solamente tres.

cincuenta y cinco   55

8A Unidad

3 **¿lo?** (§ 48)

a Mira el texto «Todo empezó en un instituto» (SB, pág. 105). Busca las frases y escribe qué significa *lo* en cada frase.

1. *Lo* encuentra en la sala de estar. _____

2. No *lo* hice porque te vi con un chico. _____

3. Realmente ya no *lo* sé, pero vendimos muchos. _____

b Mira las frases y relaciónalas con el significado de *lo*.

1. ¿Por qué no me **lo** dijiste?   A ¿Pensó en comprar el regalo para su hermano?
2. No, no **lo** dijo.   B Ayer fui con José al cine.
3. No, **lo** olvidó.   C A Felipe.
4. Ayer **lo** invité.   D Sabes por qué fue a Berlín.

c ¿Cómo se dice en español?

Versteht ihr das? _____

Ich weiß es nicht. _____

Wir können das jetzt nicht machen. _____

4 **Juanes** (§ 46 – 47)

Completa la biografía de Juanes con el vocabulario de la unidad. Conjuga los verbos al presente.
Puedes usar algunas palabras más veces y ponerlas en el plural donde lo necesitas.

> influencia · Europa · cambiar · encontrar · tocar · nacer · músico · éxito · canción · grabar ·
> entrevista · solamente · disco · entonces · alegrarse · responder · salir · famoso · texto

Juan Esteban Aristizábal _____ el 9 de agosto de 1972 en Medellín, Colombia. Empieza

a cantar[1] a los 15 años en un grupo llamado Ekhímosis. _____ 5 discos en doce años.

En 1999 Juan Esteban Aristizábal canta y _____ la guitarra con el nombre de Juanes.

Él mismo escribe sus _____ que hablan del amor que siente por sus hijas, Luna y

Paloma, su mujer[1], su familia, su país y su gente. Tiene mucho _____ con su música en

español y su _____ latina. Todo empieza con su primer _____ que

_____ en 1999, es el día que recibe siete Premios Grammy Latinos. Muchos no saben

quién es Juanes. Es un poco conocido _____ en Colombia. _____ sale

el segundo disco, «Un día normal», que _____ su suerte. Juanes _____

mucho porque éste es el disco más vendido en español. Llega también a _____, sobre

todo se hace muy _____ en Holanda y Alemania.

56 cincuenta y seis

[1] cantar singen – [2] mujer (Ehe-)frau

Unidad 8A

Su tercer _____, «Mi sangre», _____ muy rápido porque él escribe los

_____ de sus nuevas canciones en aeropuertos, hoteles y autobuses.

En sus _____ el _____ colombiano _____ a todas las preguntas y

todos lo _____ muy sencillo[1] y amable.

b Escribe ahora una entrevista a Juanes. Haz el diálogo con un/a compañero/-a.
Usa el indefinido.

¿Cuándo naciste, Juanes?

5 ¿Qué clase de vida llevas? (§ 46 – 47)

a Mira los dibujos, haz las preguntas en la forma *tú* como en el ejemplo y contesta.

1. ¿ _____ Leíste _____ un buen libro el año pasado?

2. ¿Cuántas veces _____ la semana pasada?

3. ¿Cuántas veces _____ el verano pasado?

4. ¿Cuánto _____ ayer?

5. ¿ _____ a tus amigos la semana pasada?

6. ¿ _____ algo nuevo en español la semana pasada?

b Ahora compara tus respuestas con un/a compañero/-a. ¿Cómo sois?

---

[1] **sencillo, -a** einfach, bescheiden

cincuenta y siete **57**

8B Unidad

Unidad 8B

1 Buscando información

a Lee el texto «Una carta de Yilton» en la pág. 112 del libro del alumno y relaciona la información con los dibujos.

1. Trabaja en un hotel como camarero.

2. Tuvo un examen de lengua.

3. Dice papas y no patatas.

4. Recibe una carta de un/a amigo/a.

5. Juega al fútbol.

6. Tiene novio/a.

7. Está deprimido/a.

8. Dice un poema de Pablo Neruda.

9. Ha traído una tarta.

b Contesta las preguntas según el texto en las páginas 112–113 del libro del alumno. La solución te dice qué pasa a Mario.

1. ¿Qué día es hoy en el texto «Una carta de Yilton»? ___ ___ ___ ___ ___ ___ ___
                                                                                               1   6   2

2. ¿En qué calle vive Ana Lucía? ___ ___ ___ ___ ___ ___ ___
                              3

3. ¿Cómo dice Neruda «Kartoffel» en español? ___ ___ ___ ___
                                                            7

4. ¿De dónde es la novia de Yilton? ___ ___ ___ ___ ___ ___
                                    4

5. ¿Cómo se siente Mario? ___ ___ ___ ___ ___ ___ ___ ___
                      8   5/9

→ Mario está ___ ___ ___ ___ ___ ___ ___ ___ ___
              1   2   3   4   5   6   7   8   9

Unidad 8B

2 Describir

Mira el dibujo de la pág. 112 en el libro del alumno durante 1 minuto. Cierra el libro y escribe y dibuja las siete cosas que faltan en este dibujo.

3 Sólo una es la correcta.

→ Entdecke die Regel auf Seite 87!

Relaciona las preguntas de la izquierda con las respuestas de la derecha y completa las frases.

1. ¿Me puedes ordenar la ropa?   A Sí, os lo _____
2. ¿Juan Carlos le ha traído cedés a Valentina?   B Sí, nos _____
3. ¿Vas a ayudar a Ana Lucía?   C Sí, se lo _____
4. ¿Les das a los chicos tu libro?   D Sí, la _____
5. ¿Nos vendes tu coche?   E Sí, te la _____
6. ¿Os habéis preocupado?   F Sí, se los _____

4 ¿Te acuerdas? (§ 50)

Ahora escucha otra vez la conversación entre Yilton y Ana Lucía del ejercicio 8, pág. 118 del libro del alumno. Contesta las siguientes preguntas y usa uno o dos pronombres.

1. ¿Ana Lucía le cuenta muchas cosas a Yilton?
2. ¿Ana Lucía le dice a Yilton que Mario y Laura están en su casa?
3. ¿Yilton le cuenta a Ana Lucía en una carta que ahora está en Panamá?
4. ¿En Medellín Yilton se compró una bicicleta?
5. ¿Los padres de Yilton le pagaron a él el viaje a Panamá?
6. ¿Yiltón encontró trabajo en Ciudad de Panamá?
7. ¿Yilton le quiere mandar el dinero a Ana Lucía para ir a Panamá?

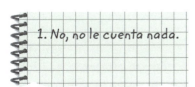

cincuenta y nueve 59

8B Unidad

5 Entre dos océanos (§ 53)

Lee el texto sobre Colombia y Panamá y complétalo con los comparativos o superlativos relativos de los adjetivos.

> bajo · famoso · gordo · conocido · grande · bonito · importante

Bogotá es la ciudad _más grande____ de Colombia, es la capital. Uno de los festivales _____

en Bogotá es el de teatro iberoamericano en marzo o abril cada dos años.

Medellín por su parte es la ciudad de nacimiento[1] de muchos de los colombianos _____ en

el mundo como Juanes, uno de los cantantes _____ en este momento; Botero, el

pintor[2] de las cosas y personas _____ de lo normal. Por su buen tiempo Medellín

es la ciudad donde siempre es primavera, por eso es la ciudad _____ porque tiene

los parques _____ con flores[1] y orquídeas. El Parque Natural «Los Katios» se encuentra

muy cerca de Panamá y tiene el número _____ de animales de Colombia.

Ciudad de Panamá es la capital de Panamá, muy conocida porque ahí se pueden comprar todos los productos

de otros países a precios _____ que en su país de origen. A una hora está la

segunda ciudad en importancia comercial de este país, Colón.

6 Un extranjero en Alemania

a Laura lee el siguiente artículo en una revista alemana y quiere contarle a Mario y a Ana Lucía
lo que leyó. RESUME el texto en español con TUS palabras.

> **David Mamunz, 17, Schüler**
> In Deutschland lebe ich jetzt seit fast vier Jahren. Ich bin mit ungefähr 14 Jahren hierher geflüchtet. Mein genaues Alter kenne ich nicht. Ich bin aber wahrscheinlich schon 20. Meine Mutter, eine Armenierin, und mein Vater, ein Aserbeidschaner, sind während des Krieges zwischen Armenien und Aserbeidschan gestorben. Eine Frau hat mich am 29.12.1987 auf der Straße neben meinen erschlagenen Eltern gefunden, und hat mich zu sich genommen. Ich habe nichts von meinen Eltern, kein Andenken, kein Foto. Zur Schule gehe ich erst, seit ich in Deutschland lebe. Ich habe noch nie einen Pass besessen. Ich habe einen Ausbildungsplatz – aber weil ich keine Arbeitsgenehmigung habe, kann ich die Ausbildung nicht machen. Also versuche ich, Fußballer zu werden. Das ist meine einzige Chance, hier bleiben zu dürfen. Ich gebe alles dafür. Jeden Tag nach der Schule trainiere ich beim FC Feucht, fünfmal pro Woche. Ich spiele in der Bayernliga. Dafür trainiere ich in jeder freien Sekunde. Vielleicht kann ich hier bleiben, wenn ich für einen Profiverein spiele.
> Später will ich eine richtige Familie haben, mit Frau und Kindern und Glück. Eigentlich wünsche ich mir nichts. Halt, doch: Ich würde gern einen Pass besitzen. Eigentlich ist das ja nur ein Papier. Aber es bedeutet Freiheit und Leben. Und dass man ein ganz normaler Mensch sein kann, wie alle anderen auch.
>
> Aus: *Süddeutschezeitung* – Magazin, 16.12.2005

b ¿Qué te parecen la vida, los problemas y los sueños (*Träume*) de David?
Compara con tu vida: ¿qué problemas y sueños tienes tú?

60 sesenta

[1] **el nacimiento** die Geburt – [2] **el pintor** der Maler – [3] **la flor** die Blume

Un paso más 3

Un paso más **3**

Un paso más 3

■ **Un viaje por el curso**

SALIDA

1 ¿Qué sabes de España?

18 Describe el camino del instituto a tu casa.

19 Di 3 diferencias entre la vida en España y en Alemania/Austria/Suiza

20 Preséntate.

21 Traduce: ich habe gerade gegessen.

2 ¿Cuánto cuestan unos pantalones vaqueros en tu ciudad?

17 ¿Qué hiciste el fin de semana pasado?

32 ¿Qué tienes que hacer de los trabajos de la casa?

33 Di 4 países de Hispanoamérica.

22 Estás en un restaurante: Pide un refresco.

3 ¿Qué está haciendo tu profesor ahora mismo?

16 Di el nombre de 4 muebles.

31 ¿Conoces a algún español o latinoamericano?

34 ¿Qué hora es?

23 Compara tu aspecto físico y el de un/a compañero/-a.

4 Habla de tu cantante favorito.

15 Di 4 ciudades de España.

30 ¿Qué ropa llevas hoy?

35 ¿Cuántos apellidos tienen los españoles y de quién?

24 ¿Qué tiempo hace hoy?

5 ¿Qué has hecho hoy?

14 Describe a un compañero de clase. Si lo adivinan los demás, salta 3 casillas.

29 Di los horarios de comidas en España.

LLEGADA

25 Di 2 diferencias entre el instituto en España y en tu país.

6 Habla de tu familia.

13 Contesta en español: ¿Was machst du gerade?

28 ¿Qué número de teléfono tienes?

27 Traduce: Ich habe das Fenster aufgemacht.

26 Traduce: ¡Wie schade!

7 ¿Qué sabes de Hispanoamérica?

12 ¿Qué asignaturas tienes mañana?

11 Di 3 personalidades del mundo hispano.

10 Pide un kilo de manzanas en el mercado.

9 ¿Qué vas a hacer el fin de semana?

8 Habla de tu ciudad.

sesenta y uno **61**

3 Un paso más

¿Qué sabes?

Ein Jahr Spanisch liegt hinter dir! ¡Genial! Kreuz nun an, wie fit du bist.

Ich kann…	☺	☻	☹	Du kannst es hier überprüfen:
über die Schule sprechen.				**SB**, Unidad 7A, ejercicios 1, 2 **CDA**, Unidad 7A, ejercicio 1
ausdrücken was gerade passiert.				**SB**, Unidad 7A, ejercicios 6, 7 **CDA**, Unidad 7A, ejercicio 3
mich verabreden.				**SB**, Unidad 7A, ejercicio 10 **CDA**, Unidad 7A, ejercicio 7
einkaufen gehen.				**SB**, Unidad 7B, ejercicio 10 **CDA**, Unidad 7B, ejercicio 10
Angebote, Personen… vergleichen				**SB**, Unidad 7B, ejercicio 8 **CDA**, Unidad 7B, ejercicios 2, b, c; Autocontrol, ejercicio 6
über das Wetter sprechen.				**SB**, Unidad 7B, ejercicio 4 **CDA**, Unidad 7B, ejercicio 4
über die Vergangenheit sprechen (Indefinido).				**SB**, Unidad 8A, ejercicios 6, 8 **CDA**, Unidad 8A, ejercicio 3; Autocontrol, ejercicio 1
im Restaurant bestellen.				**SB**, Unidad 8B, Taller
sagen was jemand anderer gesagt hat.				**SB**, Unidad 8B, ejercicio 6 **CDA**, Unidad 8B, Autocontrol, ejercicio 2
nach dem Weg fragen und darauf antworten.				**SB**, Unidad 8B, Primer Paso, Seite 111 ejercicio 2

Explora la gramática 1

■ El verbo *ser*

a Busca las frases en el texto «El vídeo de Mario».

Suche im Text «El vídeo de Mario» die entsprechenden Sätze.

Ich bin Marios Schwester.

_____

Bist du Lauras Bruder?

_____

Pablo ist nicht aus Valladolid.

_____

Wir sind aus Valladolid.

_____

Woher seid ihr?

_____

Der Junge und das Mädchen mit dem Eis sind Pablo und Cristina.

_____

b Ahora completa la tabla con las formas del verbo *ser*.

Trage jetzt die Formen vom Verb *ser* (sein) in die Tabelle ein.

(ich)	(du)	(er/sie)	(wir)	(ihr)	(sie)

sesenta y tres **63**

1 Autocontrol

1 *Ser*

Haz la traducción del diálogo.

José: Hi, bist du Marta?
Claudia: Nein, ich bin Claudia.
José: Bist du die Schwester von Marta?
Claudia: Nein, nein. Eva ist die Schwester von Marta.
José: Bist du nicht aus der Costa Brava?
Claudia: Nein, nein! Ich bin aus Sevilla.

2 Verneinung

Contesta las preguntas con la negación.

Beantworte die Fragen, indem du sie verneinst.

¿Eres de Valladolid?	
¿El deporte es siempre un juego?	
¿Shakira es de Toledo?	
¿Juan es el primo de Luis?	
¿Roses es un pueblo de la Costa del Sol?	

3 ¡Hola!

Completa el diálogo. Usa las palabras en la casilla.

Die Wörter im Kästchen kannst du mehrfach benutzen.

de • del • de la • chico • chica • soy

+ Hola, _____ Claudia _____ Valladolid.

– ¿Y el _____ helado?

+ Es Luis. Es_____ Roses y es un primo _____ Jorge.

– ¿Jorge es...?

+ Es el hermano _____ Julia.

– ¿Y Julia es la prima _____ Luis?

+ No, no, es la _____ paella.

Explora la gramática 2A

El plural de los sustantivos (§ 5)

a Suche aus dem Text «¿Quién es Ana Lucía?» auf S. 19 im Schülerbuch die Singular- bzw. Pluralformen der Substantive heraus und ergänze die Tabelle.

Substantive, die auf _____ enden		Substantive, die auf _____ enden	
Singular	**Plural**	**Singular**	**Plural**
_____	las playas	_____	los mares
_____	los mensajes	_____	los móviles
_____	los hermanos		
el amigo	_____	el alemán	_____
la chica	_____	el profesor	_____
el aguacate	_____		

b Completa la regla.

1. Substantive, die auf _____ enden, bilden die Pluralform mit _____.

2. Substantive, die auf _____ enden, bilden die Pluralform mit _____.

¡Ojo! Damit sich die Betonung nicht ändert, tragen manche Wörter in einer Form einen Akzent und in einer anderen nicht. Z.B.:

Wie lautet der Singular von *habitaciones*? _____

→ ⌐ Siehe auch den Lerntipp auf
Seite 142 im Schülerbuch!

2A Autocontrol

1 Vorlieben

Haz la traducción.

> **Paula:** Ich treibe gerne Sport: schwimmen, surfen. Ich spiele auch sehr gerne
> am Computer. Ana, findest du Computer gut?
> **Ana:** Ja, ich finde auch Computer und Handys gut, aber ich treibe nicht gerne
> Sport. Ich sonne mich gerne am Strand und… ich esse sehr gerne Eis.

_____

_____

_____

_____

_____

_____

_____

_____

_____

2 Verben auf *-ar* (§ 4)

Completa las frases con el verbo adecuado.

> hablar · escuchar · estudiar · pasar · contestar · tomar   trabajar · comprar · hablar

1. Un mensaje de Ana Lucía: «¿Qué pasa? ¿Por qué no _____?»

2. Laura y Lukas _____ las vacaciones en un pueblo de la Costa Brava.

3. En Roses Pablo, Cristina y yo _____ helados en la playa.

4. Pepe _____ en Valladolid y _____ en un bar.

5. ¿_____ vosotras los helados?

6. ¿En el bar «Gijón»? _____ (nosotros) música y _____ español.

7. _____ muy bien español, Laura.

66 sesenta y seis

Explora la gramática 2B

◼ Verben auf *-er* und *-ir*

a Completa las frases en la tabla con las formas de los verbos en *-ar*.

b Busca en el texto de la pág. 26 del libro del alumno las formas de los verbos *escribir, vivir, comprender, comer, aprender, leer* y *abrir*. Escribe las formas en la tabla.

c Markiere mit jeweils einer anderen Farbe jede Endung, die bei zwei oder mehr Konjugationen gleich ist (z. B. die 1. Person Singular ist für alle drei Konjugationen gleich).

	-ar		-er		-ir	
	terminación		verbos en el texto pág. 26	terminación	terminación	verbos en el texto pág. 26
yo		(esperar) tus noticias.	como; aprendo	-o	-o	
tú		Lukas, ¿tú también (visitar) el museo?				
él/ella		Laura (tomar) el móvil.				
nosotros/ nosotras		(necesitar) vuestra dirección en Alemania.				
vosotros/ vosotras		¿Por qué no (llamar)?				
ellos/ellas		Los chicos (contestar) a Ana Lucía.	comen			

sesenta y siete **67**

2B Autocontrol

1 La familia de Laura (§ 9)

Completa las frases con los posesivos.

Mario: ¿Y _____ familia, Laura?

Laura: ¿_____ familia? _____ tía Margit vive con _____ hijo

Jonas en Hamburg. _____ tíos Christel y Hans viven en Stuttgart.

_____ hijos son Andreas y Sophia. Lukas y yo hablamos mucho con

_____ primos. _____ abuela vive en Berlín con un señor[1]…

Mario: ¿ _____ abuela vive con un señor?

Laura: Sí, ¿Por qué no?

2 ¿Qué?, ¿quién?

Busca las preguntas de estas respuestas.

— _____

• ¿Pablo? En la Costa Brava, en Roses.

— _____

• Bien, gracias.

— _____

• Escribimos a Ana Lucía.

— _____

• Lukas y Laura son amigos de Mario y Cristina.

— _____

• Porque a lo mejor necesita ayuda.

— _____

• Leemos un mensaje de Laura y Lukas.

3 Mensajes

Übersetze die Mail, die Lukas und Laura den spanischen Freunden schicken möchten.

Hola, necesitamos vuestra ayuda. No comprendemos los mensajes de
Ana Lucía. ¿Qué hacemos? ¿Llamamos a Ana Lucía o sólo escribimos un
mensaje? ¿Visitamos a Pablo y hablamos de los mensajes? Necesitamos
también su dirección.
Esperamos vuestro SMS.   L+L

[1] **el señor** der Herr

Explora la gramática 3A

Estar/hay

Busca en el texto «Días normales» en la pág. 35 en el libro del alumno las preguntas a estas respuestas.

¿Dónde está/n …	_____? En casa.
	_____? Está un poco lejos.
	_____? Está cerca del centro.
	_____? Aquí.
¿Dónde hay …	_____? En Valladolid y en Berlín.
	_____? En Internet.
	_____? En el Festival de cine de Valladolid.

Wie du sehen kannst, antworten sowohl *estar* als auch *hay* auf die Frage, wo sich etwas befindet. Schau dir jetzt die Fragen genauer an: was steht unmittelbar nach dem Verb? Trage es in die folgende Tabelle ein.

estar + _____
_____
_____

hay + _____
_____
_____

Completa ahora el ejemplo:

¿Dónde _____ la academia de informática «José»?   ↔   ¿Dónde _____ una academia de informática?

sesenta y nueve **69**

3A Autocontrol

1 *Hay o estar*

Completa los diálogos con *hay* o *estar*.

Ana: Luis, ¿dónde _____ una biblioteca en tu barrio?

Luis: Aquí no _____ bibliotecas pero la Biblioteca Central no _____ muy lejos de aquí.

Ana: Ah, ¡gracias! Y dónde _____ el bar 'La Tasquita'?

Luis: No sé. Pero sí sé dónde _____ el restaurante 'La Tasca'.

2 Adjetivos

Completa las formas de los adjetivos.

Fecha: Jueves, 16 de Marzo del 2006, 12:37:06

Busco una habitación pequeñ____ cerca del

polideportivo. Soy un chico tranquil____

y fanátic____ de los deportes.

Zona: Valladolid

Fecha: Sábado, 18 de Marzo del 2006, 14:08:46

Busco habitación para dos chicas divertid____

en el centro de Barcelona, cerca de cine__,

cíber____ y restaurant____ modernos.

Zona: Barcelona

Fecha: Miércoles, 14 de Diciembre del 2005, 00:26:11

Chica de 26 busca habitación precios____ en piso

compartido con chicas fenomenal____ en Madrid centro.

Zona: Madrid

Fecha: Viernes, 18 de Noviembre del 2005, 18:56:07

Chica aleman____ busca habitación grand____ en casa

modern____ y barrio tranquil____ en piso compartido.

En Valladolid cerca del centro.

Zona: Valladolid

70 setenta

Explora la gramática 3B

■ Los verbos con diptongación

a Busca las formas de *querer* y *preferir* en el texto «Correos electrónicos» (libro del alumno, pág. 42-43) y pon las formas en la tabla.

	querer	preferir
yo		
tú		
él/ella		
nosotros/nosotras		
vosotros/vosotras		
ellos/ellas		

Welche Besonderheit fällt Dir auf? __ _____

Leite jetzt die fehlenden Verbformen ab und ergänze die Tabelle.

b Schreibe die Regel. Die Ausdrücke „Stamm" und „Endung" können dir dabei helfen: z. B. bei *querer* → *quer-* = Stamm; *-er* = Endung.

Verben mit Diphtong (Doppel- oder Zwielaut) auf *-ie-*:

_____

_____

_____

_____

_____

_____

_____

c Suche nun die Formen von *poder* aus demselben Text heraus und ergänze die Tabelle. Leite die fehlenden Verbformen analog zu *querer* ab und ergänze die Tabelle.

	poder
yo	
tú	
él/ella	
nosotros/nosotras	
vosotros/vosotras	
ellos/ellas	

d Damit du dir die Besonderheiten besser merken kannst, markiere die stammbetonten und endungsbetonten Formen der oberen Tabellen jeweils in einer anderen Farbe.

setenta y uno 71

3B Autocontrol

1 ¿Qué quieres hacer? (§ 15)

a Contesta las preguntas con la ayuda de los dibujos.

1. ¿Qué piensas hacer tú hoy? _____.

2. ¿Prefieres cocinar o comer? _____.

3. ¿Tus amigos prefieren ir al cine o al teatro? _____.

4. ¿Queréis hacer los deberes después de las clases o por la noche? _____.

b Contesta las preguntas con la ayuda de los dibujos.

 ¿Qué vais a hacer vosotros?
_____
_____

 ¿Qué van a hacer Cristina y Alba?
_____
_____

 ¿Qué va a hacer Mario?
_____
_____

 ¿Qué va a hacer Mario?
_____
_____

 ¿Qué va a hacer papá?
_____
_____

¿Qué vas a hacer tú?
_____
_____

2 Preposiciones

Completa con la preposición correcta, si es necesario *(wenn es nötig ist)*.

Un fin ____ semana guay es no pensar ____ estudiar. Prefiero ____ dormir todo el día y ____ la noche ir ____ la discoteca o ____ cine o jugar ____ ordenador ____ un amigo. Además, me gusta estar ____ casa ____ mi familia y ____ lo mejor visitar ____ los abuelos. ____ mi tiempo libre leo ____ un libro o hago ____ deporte. ____ las vacaciones y ____ mal tiempo, ____ veces veo la televisión. Las vacaciones y el tiempo ____ libre me encantan.

Explora la gramática 4

¿Qué hora es?

a Schau dir die Uhrzeiten an und ergänze anschließend die Lücken um die Uhr rechts.

Es la una en punto	1:00
Es la una y diez	1:10
Son las 3 y cuarto	3:15
Son las 4 y media	4:30
Son las 5 menos 25	4:35
Son las 6 menos cuarto	5:45
Son las 7 menos 10	6:50
Son las 8 en punto	8:00

(Uhr rechts: *en*)

b Compara los verbos y completa la regla.

¿Qué hora es? Es la una y cuarto.

¿Qué hora es? Son las dos y cuarto.

¿Qué hora es? Son las ocho y media.

Bei 1 Uhr steht immer _____, ansonsten _____ .

¡Ojo! Wenn man in Spanien nach der Uhrzeit fragt, heißt es ¿_____?, aber in Lateinamerika meistens: *¿Qué horas son?*

c Wie spät ist es auf Deutsch? Und auf Spanisch?

7:30

_____

_____

setenta y tres 73

4 Autocontrol

1 Verbos reflexivos

Completa el diálogo.

—Hola, ¿tú a qué hora _____ (levantarse – tú)?

☺ ¿Yo? Algunos días _____(levantarse) a las 8, otros, a las 7.

—Y ¿a qué hora _____ (acostarse – vosotros)?

☺ Bueno, en casa _____ (acostarse – nosotros) muy tarde. Mi padre y mi madre

trabajan en un restaurante y yo _____ (ocuparse) de mis hermanos por la noche.

—Entonces, ¿_____ (verse) poco?

☺ Bueno, por la mañana _____ (desayunar) todos juntos y al mediodía mi

madre está con nosotros.

2 La respuesta correcta

Marca la respuesta correcta.

1. Estás en la calle y no sabes la hora. ¿Cómo preguntas?
    - [ ] a) Perdón, ¿tienes hora?
    - [ ] b) Perdón, ¿a qué hora es?
    - [ ] c) Perdón, ¿a qué hora empieza?

2. Aquí no estoy sola. _____ a mucha gente de mi país.
    - [ ] a) conoces
    - [ ] b) me ocupo
    - [ ] c) conozco

3. _____ son estudiantes como yo, otras no.
    - [ ] a) algún
    - [ ] b) algunas
    - [ ] c) alguna

4. Hablamos el mismo idioma, pero usamos a veces _____ palabras.
    - [ ] a) algunas
    - [ ] b) las mismas
    - [ ] c) otras

5. Laura y Mario _____ despiden al teléfono.
    - [ ] a) se
    - [ ] b) nos
    - [ ] c) os

6. Y, _____, ¿por qué no nos vemos y nos conocemos?
    - [ ] a) dices tú
    - [ ] b) digo yo
    - [ ] c) decimos nosotros

74 setenta y cuatro

Explora la gramática 5A

Ser y estar

a Mira las frases. ¿Cuándo se usa *ser* y cuándo *estar*?
Escribe una regla en alemán (*Regel auf Deutsch*).

El piso **es** pequeño.
La habitación de Cristina **es** muy grande.
Lukas **es** gracioso.
Laura **es** una chica simpática.
Laura **es** alta y morena.
Mario **es** muy tranquilo.
El profe **es** genial.
Cristina **es** una chica desordenada.

Hoy **estoy** muy contento.
Ahora **estoy** muy cansada.
Cristina hoy **está** enfadada porque tiene que compartir su habitación con Laura.
Laura **está** nerviosa porque va a Valladolid.
Vuestras habitaciones siempre **están** desordenadas.
Mis padres **están** casi convencidos.

ser _____

_____

_____

estar _____

_____

_____

b Welche graphische Darstellung verbindest du mit *ser* und welche mit *estar*?

... ◄——————► ...

c Bilde ein oder zwei Sätze mit *ser* und *estar*. Wähle dazu Situationen aus, die du selbst erlebt hast.

_____

_____

_____

_____

→ **Lies die Estrategias 3a + b im Schülerbuch, S.125 – 126**

setenta y cinco **75**

5A Autocontrol

1 Pronombres de objeto indirecto (§ 26)

En la clase de español de Laura los compañeros y la profesora hablan de su partida.
Completa las frases con los pronombres de objeto indirecto.

1. El idioma _____ va a dar trabajo las primeras semanas.

2. _____ (uns) gusta saber cómo estás en Valladolid.

3. A tus amigos en Alemania también _____ tienes que escribir.

4. A tu abuela _____ mandas fotos. ¡Eso _____ (ihr) encanta a ella!

5. _____ (Euch) gusta la idea de salir, conocer y vivir.

6. ¿Qué _____ parece? ¿No piensas que tienes mucha suerte[1]?

2 Hay que compartir.

Completa el texto.

Cristina: A mí _____ gusta Laura y su hermano Lukas _____ muy gracioso.

Padre: Eso no dice mucho, la verdad. Tenemos _____ saber más, por ejemplo:

¿cómo _____?, ¿qué _____?, ¿Cuántos años _____?, ¿de dónde

_____?, ¿qué _____ sus padres?

Mario: _____ una chica muy simpática, guay, _____ 15 años, _____

de Berlín y _____ a un instituto como yo. ¿Qué más…? _____ alta,

morena, _____ los ojos grises, no _____ gafas… _____ voy a enseñar

una foto… _____ encantan el cine español y la paella y _____ escribe

muchos correos. No _____ va a dar mucho trabajo, mamá. _____ muy

tranquila y _____ gusta estudiar. Su padre trabaja en…, no sé, hace algo

con ordenadores y su madre también trabaja… es enfermera o algo así… (Ihnen)

_____ encanta España.

76 setenta y seis

[1] **la suerte** das Glück

Explora la gramática 5B

■ El imperativo

a Completa la tabla con las formas del imperativo que están en el texto de la pág. 70 del libro del alumno. Escribe las formas que faltan.

Verbo en infinitivo	tú	vosotros
escuchar		
	ayuda	
		contestad
meter		
	lee	
		comprended
abrir		
	escribe	
		compartid

Ahora escribe las reglas.

Die Imperativformen von tú _____

_____

_____

Die Imperativformen von vosotros _____

_____

_____

b Completa la tabla con las formas irregulares del texto de la lección. Después escribe las formas que faltan.

Verbo en infinitivo	tú	vosotros
Poner		
		tened
venir		

- Die Formen von _____ werden meistens um eine Silbe verkürzt.

- Die Formen von _____ sind immer regelmäßig.

setenta y siete **77**

5B Autocontrol

1 Pronombres

Lee el artículo sobre el grupo musical Celtas Cortos y pon los pronombres.

Primero los cuatro amigos Goyo, César, Carlos y Óscar _____ conocen en 1984 en el Instituto

Delicias de Valladolid. _____ gusta mucho la música tradicional. Empiezan a cantar en 1986 en

Valladolid. Ahora ocho amigos proponen ir a un concurso de música, «Colectivo Eurofolk», y cambian

de nombre al grupo. Ahora _____ llaman Celtas Cortos.

En el año 1988 los ocho chicos venden un cedé con 10 canciones entre amigos y familia. _____

mandan a todas las casas de música que hay en España. Éstas sólo _____ escriben que no es

interesante. Después _____ sienten muy deprimidos y ya no quieren cantar más. Pero entonces

_____ llama un señor que _____ llama Paco Martín y que busca grupos nuevos en Madrid.

En enero de 1991 _____ dan 700.000 pesetas para un concierto en «Actual '91». En '92 cantan en el

New Music Seminar de Nueva York y en la Expo de Sevilla. ¡Vienen a ver _____ 25 000 personas!

Ahora los Celtas Cortos son muy conocidos en toda España. En 1995 hacen un cedé en Alemania que se

llama «¡Vamos!».

2 Imperativo

Cambia las frases en el texto «La habitación de Laura» al imperativo con el pronombre objeto.

Ejemplo: Cristina a su padre: No, prefiero el equipo de música a la izquierda
→ Pon el equipo / Ponlo a la izquierda.

1. **Madre a Cristina:** Le tienes que dejar parte de la estantería y del armario.

   → _____.

2. **Madre a Cristina:** ¿Nos ayudas?

   → _____

3. **Madre a Cristina:** Tienes que compartir la habitación con otra persona.

   → _____

4. **Cristina a todos:** Bueno, podéis guardar las muñecas.

   → _____

5. **Cristina a su madre:** Podéis poner los libros encima de mi mesa.

   → _____

Explora la gramática 6

■ Préterito perfecto

a Busca los pretéritos perfectos del texto «¿Qué le ha pasado a Yilton?» y ponlos en la tabla.

personas	haber	participio	infinitivo
yo			
tú			
él/ella/usted			intentar hacer vender
nosotros/-as			
vosotros/.as			
ellos/ellas/ustedes			quejar(se) salir

Der *pretérito perfecto* besteht aus:

verbo auxiliar   +   participio
        ↓   ↓

_____   +   hablar̶   →   -_____

tener̶   →   -_____

salir̶   →   -ido

§ **Das Partizip ist unveränderlich!**

b In der Tabelle oben steht eine unregelmäßige Form: Welche? Wie heißt der Infinitiv?

Unregelmäßiges Partizip: _____   Dazu gehöriger Infinitiv: _____

c Suche nun im Text die Zeitangaben, die zusammen mit dem *pretérito perfecto* stehen.

- _____   - _____

- _____   - _____

d Lies die Regel und schreibe einen Satz oder mehrere zusammenhängenden Sätze, die die Verwendung für dich deutlich zum Ausdruck bringen.

_____

_____

§ **Mit dem *pretérito perfecto* spricht man über vergangene Handlungen, die einen Bezug zur Gegenwart haben. Signalwörter: *hoy, todavía, ya, hasta ahora***

setenta y nueve **79**

6 Autocontrol

1 Pretérito perfecto

Completa con los verbos en el pretérito perfecto.

Esta semana _____ (ser) muy dura…

Yo _____ (escribir) dos exámenes. Los dos profesores_____

(preguntar) cosas que no _____ (estudiar).

Después del instituto _____(ir) a casa y mis padres _____

(volver-ellos) muy tarde. Así que yo _____ (hacer) todo en casa:

_____ (cocinar), _____ (poner) la mesa, _____ (tirar) la

basura, _____ (pasar) la aspiradora y _____ (planchar) la ropa de

toda la familia. ¡Ahora estoy muy cansado!

2 Superlativo

Ejemplo: Conseguir trabajo es muy, muy difícil → Conseguir trabajo es dificilísimo.

1. La situación es muy, muy mala. → _____

2. Ana Lucía está muy, muy nerviosa.→ _____

3. Yilton trabaja mucho, mucho, mucho.→ _____

4. Bogotá es una ciudad muy, muy grande.→ _____

5. Tiene edificios[1] muy, muy modernos pero también casas muy, muy pequeñas

   → _____

   _____

6. Allí la gente es muy, muy divertida. → _____

80 ochenta

[1]**edificio** Gebäude

Explora la gramática 7A

■ Los adjetivos apocopados

a Completa la tabla con la ayuda del texto «Mal comienzo en el instituto« de las págs. 88 y 89 según el ejemplo.

Sustantivos masculinos		Sustantivos femeninos	
ein schlechter Anfang	un comienzo malo _____	eine schlechte Klasse	una mala clase _____
ein guter Anfang	un comienzo bueno _____	eine gute Klasse	una buena clase una clase buena
der erste Tag	el día primero _____	die erste Unterrichtsstunde	la primera hora _____
der dritte Tag	el día tercero _el tercer día_____	die dritte Unterrichtsstunde	_____ la tercera hora

b Mira los adjetivos delante de los sustantivos y completa la regla:

Los adjetivos *bueno,* _____, *primero* y _____ pierden la

_____ delante de un sustantivo _____.

ochenta y uno **81**

7A Autocontrol

1 La respuesta correcta

Elige la respuesta correcta:

1. Hoy es mi _____ día de clase.
   - a) primero
   - b) mal
   - c) primer

2. ¿Quiere _____ un chicle?
   - a) alguno
   - b) alguien
   - c) todos

3. Tengo _____ horas de inglés _____ tú de español.
   - a) tanto … que
   - b) tantas … como
   - c) tan … como

4. Nosotros no dormimos _____ como vosotros.
   - a) tanto
   - b) tanta
   - c) tantos

5. Cuando quieres ir con un amigo al cine, al parque…
   - a) cenas con él.
   - b) quedas con él.
   - c) nos quedamos en casa.

6. Laura _____ _____ unas semanas en Valladolid.
   - a) está poniendo
   - b) está pensando
   - c) está pasando

2 *estar* + gerundio

¿Qué están haciendo estas personas? ¡Usa verbos en *-ir*!

Explora la gramática 7B

■ El comparativo de los adjetivos

a Completa las frase con la información del texto «De compras por Valladolid» de las págs. 96 y 97.

Estas cazadoras son _____ baratas _____ aquellas, pero también menos

calientes _____ las rojas.

El chorizo ibérico es _____ rico _____ el jamón ibérico pero más

_____ que el jamón.

Laura y Cristina primero van a un supermercado, luego van a una tienda

_____ pequeña (que el súper) a comprar un buen vino de la región.

b Ahora completa la tabla.

Español	Deutsch
Las cazadoras _____ _____ _____ + adjetivo + _____	Die Jacken sind billiger als die Mäntel. Adj. + ___-er___ + ___als___
_____ _____ _____ + adjetivo + _____	Die Jacken sind weniger warm als die Mäntel. _____ + Adj. + _____
_____ _____ _____ + adjetivo + _____	Die Paprikawurst ist genauso lecker wie der Schinken. _____ + Adj. + _____

c También hay algunas formas irregulares, tú conoces ya dos de ellas. Completa las formas que conoces:

→ ¡Ojo! *Mejor* und *peor* sind im Singular unveränderlich!

bueno/a	_____
(gut)	(besser)
malo/a	_____
(schlecht)	(schlechter)

ochenta y tres **83**

7B Autocontrol

1 El armario

Pon los nombres de la ropa.

2 En el supermercado

¿Qué dices cuando

1. … quieres saber el precio de medio kilo de chorizo? _____

2. … quieres pedir un kilo de manzanas? _____

3. … quieres decir que algo es muy, muy, muy caro? _____

3 Contigo no

Haz la traducción.

Mario: Nein, ich kann heute nicht mit euch ins Kino gehen. Heute kommt eine Klassenkameradin zu uns. Ich lerne oft mit ihr.

Laura: Ich verstehe dich nicht. Du schlägst vor, mit mir ins Kino zu gehen. Ich kann aber an diesem Tag nicht. Wenn ich einen anderen Tag vorschlage, um mit dir auszugehen, willst du nicht mit mir oder uns weggehen. Was ist eigentlich mit dir los?

4 Son tipos diferentes…

Compara a Cristina y a Ana Lucía.

Explora la gramática **8A**

Adverbios en *-mente*

a Busca los adverbios terminados en *-mente* en el texto «Todo empezó en un instituto». Marca lo que queda sin la terminación *-mente*.

tranquilamente

b Ahora lee estas reglas. ¿Son correctas? Escribe las reglas correctas y sus ejemplos.

Stimmt's? Die Endung *-mente* wird an die männliche Pluralform des Adjektivs angehängt.

Ejemplo:

Stimmt's? Wird das Adjektiv ohne Akzent geschrieben, so trägt das Adverb einen Akzent.

Ejemplo:

ochenta y cinco **85**

8A Autocontrol

1 Indefinido

Completa con los verbos en indefinido.

MIGUEL DE CERVANTES SAAVEDRA

_____ (nacer) el 7 de octubre de 1547

en Alcalá de Henares. Por problemas de dinero

_____ (estar) detenido. Durante este

tiempo _____ (escribir) su famoso

libro: *Don Quijote de la Mancha*. El libro tiene este nombre porque Alonso, la persona

más importante del libro, _____ (cambiar) su nombre por el de Don Quijote

y como _____ (nacer) en la Mancha, _____ (llamarse) Don

Quijote de la Mancha. Un día _____ (salir) de su casa y _____

(irse) a buscar una vida nueva e interesante. Pero todo le _____ (salir) mal.

Hasta que un día _____ (volver) a casa cansado y viejo.

2 Interrogativos

Completa con un pronombre interrogativo y contesta las preguntas.

1. ¿_____ es el primo de Mario?

2. ¿_____ pasan vacaciones Mario y Cristina?

3. ¿_____ viven en la Zimmerstraße 23?

4. ¿_____ son las habitaciones de Cristina y de Mario?

5. ¿_____ significa aguacates para Ana Lucía?

6. ¿_____ va a ir Laura de intercambio?

7. ¿_____ han detenido a Yilton?

86 ochenta y seis

Explora la gramática 8B

Dos pronombres

a En el texto «Una carta de Yilton» (pág. 112–113 del libro del alumno) hay algunas frases con dos pronombres. Completa la tabla.

línea 11	**Dámela**, la pongo aquí para después.	«me» es Ana Lucía «la» es la tarta
línea 43	¿**Nos la** cuentas ahora?	
línea 51-52	…, pero yo **me lo** imagino.	
línea 64	Es que no sé si puedo pagár**melo**.	

b Stehen zwei Objektpronomen zusammen, so steht das indirekte (Dativ) vor dem direkten (Akkusativ) Objektpronomen.

…**me lo** imagino.

…ich stelle **es mir** vor.

Completa los ejemplos:

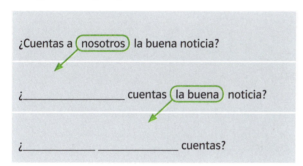

¿Cuentas a (nosotros) la buena noticia?

¿_____ cuentas (la buena) noticia?

¿_____ _____ cuentas?

c En el texto «Una carta de Yilton» hay más frases con dos pronombres. Búscalas y ponlas en la tabla al lado de la frase correspondiente.

frase correspondiente	frase en el texto	línea
Ana Lucía da una silla a Laura.	… y se la da a Laura.	36
Ana Lucía pasa los cubiertos, platos y vasos a Mario y Laura.		
¿No pueden pagar ellos el viaje a Yilton?		
Ana Lucía pasa la botella de agua a Mario.		

¿A qué corresponde el pronombre *se*?

_____ +	lo	→ se lo
	la	→ se la
	los	→ se los
	las	→ se las

8B Autocontrol

1 El más… de todos

Haz frases con el superlativo relativo.

Ejemplo: Shakira - Juanes → guapo – famoso

Shakira es la más famosa de todos pero Juanes es el más guapo.

1. Chile – Guatemala – Brasil → pequeño – largo – grande
2. alemán – español – inglés → fácil – importante
3. Mario – Laura – Lukas → alto – rubio – moreno
4. clase – recreo – fiesta → divertido – tranquilo – aburrido
5. bicicleta – avión – tren → rápido – duro – divertido
6. Mario – Laura – Cristina → desordenado

2 ¿Qué dice?

La mejor amiga de Laura, Anke, le escribió una carta en alemán (¡claro!) y ahora Mario y Ana Lucía quieren saber qué dice la carta. Usa las expresiones *(me) dice/cuenta que…; pregunta si…*

> Liebe Laura,
>
> stell Dir vor, gestern sind wir alle aus der Klasse zusammen essen gegangen, die ganze 10A, 25 Schüler.
>
> Wir haben draußen gegessen, weil das Wetter endlich schöner ist. Es hat jetzt 23 Grad! Du erinnerst dich bestimmt an das Café bei uns in der Schule, oder? Dort waren wir.
>
> Die Sonne scheint… aber Du fehlst uns allen… Gestern haben wir viel über Dich gesprochen und wir waren alle einer Meinung: Ohne Dich haben wir nicht so viel Spaß. Ich würde Dich gern in den Sommerferien besuchen (3 Wochen!). Was meinst Du? Vielleicht kannst Du eine Unterkunft für mich finden?
>
> Grüße, Anke

88 ochenta y ocho

Portfolio

Mein Sprachenpass

Diese Sprachen kenne ich:

Zu Hause spreche ich: _____

Manche meiner Freunde sprechen als Muttersprache: _____

In der Schule lerne ich: _____

Diese Sprachen habe ich schon außerhalb der
Schule, z. B. in den Ferien, gehört oder gesprochen: _____

Diese Sprache gefällt mir am besten: _____

Diese Sprache(n) möchte ich gerne lernen: _____

So lerne ich Sprachen:

So lerne ich gerne (kreuze an):

☐ mit Liedern ☐ am Computer ☐ durch Zuhören ☐ durch Sprechen

☐ im Urlaub ☐ durch Lesen ☐ durch Schreiben ☐ durch …
_____
_____
_____

Was ich beim Sprachenlernen am liebsten mache: _____
_____

Diese spanischen Wörter gefallen mir: _____
_____

Das interessiert mich an Spanien / Lateinamerika: _____
_____

Das macht mir im Sprachunterricht am meisten Spaß: _____
_____

ochenta y nueve 89

Lösungen

Unidad 1 – Explora la gramática

■ El verbo *ser*

a Ich bin Marios Schwester. – *Soy la hermana de Mario.*
Bist du Lauras Bruder? – *¿Eres el hermano de Laura?*
Pablo ist nicht aus Valladolid. – *Pablo no es de Valladolid.*
Wir sind aus Valladolid. – *Somos de Valladolid.*
Woher seid ihr? – *¿De dónde sois?*
Der Junge und das Mädchen mit dem Eis sind Pablo und
Cristina. – *El chico y la chica del helado son Pablo y Cristina.*

b

(ich)	(du)	(er/sie)	(wir)	(ihr)	(sie)
soy	eres	es	somos	sois	son

Unidad 1 – Autocontrol

■1 *Ser*

José: Hola, ¿eres Marta?
Claudia: No, soy Claudia.
José: ¿Eres la hermana de Marta?
Claudia: No, no. Eva es la hermana de Marta.
José: ¿No eres de la Costa Brava?
Claudia: ¡No, no! Soy de Sevilla.

■2 Verneinung

¿Eres de Valladolid?	—No, no soy de Valladolid.
¿El deporte es siempre un juego?	—No, el deporte no es siempre un juego.
¿Shakira es de Toledo?	—No, Shakira no es de Toledo.
¿Juan es el primo de Luis?	—No, Juan no es el primo de Luis.
¿Roses es un pueblo de la Costa del Sol?	—No, Roses no es un pueblo de la Costa del Sol.

■3 ¡Hola!

+ Hola, **soy** Claudia **de** Valladolid.
– ¿Y el **chico del** helado?
+ Es Luis. Es **de** Roses y es un primo **de** Jorge.
– ¿Jorge es...?
+ Es el hermano **de** Julia.
– ¿Y Julia es la prima **de** Luis?
+ No, no, es la **chica de la** paella.

Unidad 2A – Explora la gramática

■ El plural de los sustantivos

Substantive, die auf Vokal enden		Substantive, die auf Konsonant enden	
Singular	Plural	Singular	Plural
la playa **el mensaje** **el hermano**	las playas los mensajes los hermanos	**el mar** **el móvil**	los mares los móviles
el amigo la chica el aguacate	**los amigos** **las chicas** **los aguacates**	el alemán el profesor	**los alemanes** **los profesores**

b Substantive, die auf **Vokal** enden, bilden die Pluralform
mit **-s.**
Substantive, die auf **Konsonant** enden, bilden die
Pluralform mit **-es.**

Wie lautet das Singular von *habitaciones*? **Habitación.**

Unidad 2A – Autocontrol

■1 Vorlieben

– Me gusta el deporte: nadar, el surf. También me gustan
mucho los juegos de ordenador. Ana, te gustan los
ordenadores?
○ Sí, a mí también me gustan los ordenadores y los móviles,
pero no me gusta el deporte. A mí me gusta tomar el sol en la
playa y… me gustan mucho los helados.

■2 Verben auf *-ar*

1. Un mensaje de Ana Lucía: «¿Qué pasa? ¿Por qué
   no **contestas**?»
2. Laura y Lukas **pasan** las vacaciones en un pueblo de la
   Costa Brava.
3. En Roses Pablo, Cristina y yo **tomamos** helados
   en la playa.
4. Pepe **estudia** en Valladolid y **trabaja** en un bar.
5. ¿**Compráis** vosotras los helados?
6. ¿En el bar «Gijón»? **Escuchamos** música y **hablamos**
   español.
7. **Hablas** muy bien español, Laura.

Unidad 2B – Explora la gramática

■ Verben auf *-er* und *-ir*

	-ar	
		terminación
yo	**Espero** tus noticias.	-o
tú	Lukas, ¿tú también **visitas** el museo?	-as
él/ella	Laura **toma** el móvil.	-a
nosotros/ nosotras	**Necesitamos** vuestra dirección en Alemania.	-amos
vosotros/ vosotras	¿Por qué no **llamáis**?	-áis
ellos/ellas	Los chicos **contestan** a Ana Lucía.	-an

-er verbos en el texto p. 26	terminación	-ir terminación	verbos en el texto p. 26
como; aprendo ; comprendo	-o	-o	escribo
aprendes	-es	-es	escribes
lee	-e	-e	abre; vive; escribe
comprend- emos	-emos	-imos	escribimos
coméis	-éis	-ís	escribís; vivís
comen	-en	-en	viven; escriben

90 noventa

Lösungen

Unidad 2B – Autocontrol

1 La familia de Laura

Mario: ¿Y **tu** familia, Laura?
Laura: ¿**Mi** familia? **Mi / Nuestra** tía Margit vive con **su** hijo Jonas en Hamburg. **Mis / Nuestros** tíos Christel y Hans viven en Stuttgart. **Sus** hijos son Andreas y Sofia. Lukas y yo hablamos mucho con **nuestros** primos. **Mi / Nuestra** abuela vive en Berlín con un señor…
Mario: ¿**Tu / Vuestra** abuela vive con un señor?
Laura: Sí, ¿Por qué no?

2 ¿Qué?, ¿quién?

– *¿Dónde vive Pablo/ tu primo?*
◆ ¿Pablo? En la Costa Brava, en Roses.
– *¿Qué tal?*
◆ Bien, gracias.
– *¿A quién escribís? / ¿Qué hacéis?*
◆ Escribimos a Ana Lucía.
– *¿Quiénes son Lukas y Laura?*
◆ Lukas y Laura son amigos de Mario y Cristina.
– *¿Por qué escribes/escribís a Laura?*
◆ Porque a lo mejor necesita ayuda.
– *¿Qué leéis/lees?*
◆ Leemos un mensaje de Laura y Lukas.

3 Mensajes

Hallo:
Wir brauchen eure Hilfe. Wir verstehen die Nachrichten von Ana Lucía nicht. ¿Was sollen wir tun? ¿Sollen wir Ana Lucía anrufen oder nur eine SMS schreiben?
¿Sollen wir Pablo besuchen und reden wir über die Nachrichten? Wir brauchen auch seine Adresse.
Wir warten auf eure SMS.   L + L

Unidad 3A – Explora la gramática

Estar/hay

¿Dónde está/n…	los bares? la academia de informática? Cristina? Cristina y Mario?	Están cerca del centro. Está un poco lejos. Está aquí. En casa.
¿Dónde hay…	películas interesantes? una página Web? un festival de cine?	En el Festival de cine de Valladolid. En Internet. En Valladolid y en Berlín.

estar +	bestimmter Artikel Possesivbegleiter Eigennamen
hay +	unbestimmter Artikel Substantive im Plural ohne Artikel

¿Dónde **está** la Academia de Informática «José» ? ¿Dónde **hay** una academia de informática?

Unidad 3A – Autocontrol

1 *Hay o estar*

Ana: Luis, ¿dónde **hay** una biblioteca en tu barrio?
Luis: Aquí no **hay** bibliotecas pero la Biblioteca Central no **está** muy lejos de aquí.
Ana: Ah, ¡gracias! Y dónde **está** el bar 'La Tasquita'?
Luis: No sé. Pero sí sé dónde **está** el restaurante 'La Tasca'.

2 Adjetivos

Fecha: Jueves, 16 de Marzo del 2006, 12:37:06
Busco una habitación pequeñ**a** cerca del polideportivo. Soy un chico tranquil**o** y fanátic**o** de los deportes.
Zona: Valladolid

Fecha: Sábado, 18 de Marzo del 2006, 14:08:46
Busco habitación para dos chicas divertid**as** en el centro de Barcelona, cerca de cin**es**, cíber**es** y restaurant**es** modernos.
Zona: Barcelona

Fecha: Miércoles, 14 de Diciembre del 2005, 00:26:11
Chica de 26 busca habitación precios**a** en piso compartido con chicas fenomenal**es** en Madrid centro.
Zona: Madrid

Fecha: Viernes, 18 de Noviembre del 2005, 18:56:07
Chica aleman**a** busca habitación grand**e** en casa modern**a** y barrio tranquil**o** en piso compartido. En Valladolid cerca del centro.
Zona: Valladolid

Unidad 3B – Explora la gramática

Los verbos con diptongación

a (Die abgeleiteten Formen stehen in kursiv.)

querer	preferir
quiero	prefiero
quieres	*prefieres*
quiere	prefiere
queremos	*preferimos*
queréis	*preferís*
quieren	prefieren

Welche Besonderheit fällt Dir auf?
Stammvokal -e- wird zu -ie-.

b Verben mit Diphtong (Doppel- oder Zwielaut) auf -ie-:
(*Lösungsvorschlag*) Eine Gruppe von Verben ändern das -*e*- in -*ie*- in der *1., 2., 3.* Person Singular und in der *3.* Person Plural (in den sog. stammbetonten Formen). In der *1.* und *3.* Person Plural (in den sog. endungsbetonten Formen) ändert sich das -*e*- nicht.

c

poder
puedo
puedes
puede
podemos
podéis
pueden

d S. Markierung in den oberen Tabellen.

Lösungen

Unidad 3B – Autocontrol

1 ¿Qué quieres hacer?

a 1. Hoy pienso leer.
   2. Prefiero cocinar.
   3. Mis amigos prefieren ir al cine.
   4. Queremos hacer los deberes por la noche.

b ¿Qué vais a hacer vosotros? – Vamos a escuchar música.
   ¿Qué va a hacer Mario? – Va a hacer una tarta.
   ¿Qué va a hacer papá? – Va a entrar / abrir la puerta.
   ¿Qué van a hacer Cristina y Alba? – Van a hacer sus deberes.
   ¿Qué va a hacer Mario? – Va a trabajar con su ordenador.
   ¿Qué vas a hacer tú? – (*Lösungsvorschlag*)
   Voy a comer.

2 Preposiciones

de; en; —; por; a la; al; al/con el; con; en; con; a; a; En; —; —; En; con; a; — .

Unidad 4 – Explora la gramática

a

b Bei 1 Uhr steht immer **es**, ansonsten **son**.

¡Ojo! Wenn man in Spanien nach der Uhrzeit fragt, heißt es ¿**Qué hora es**?, aber in Lateinamerika meistens: ¿*Qué horas son*?

c Es ist halb acht / Son las siete y media.

Unidad 4 – Autocontrol

1 Verbos reflexivos

te levantas – me levanto – os acostáis – nos acostamos – me ocupo – os veis – desayunamos

2 La respuesta correcta

1. – a), 2. – c), 3. – b), 4. – c), 5. – a), 6. – b)

Unidad 5A – Explora la gramática

Ser y estar

a ser: dauerhafte Eigenschaften, Charaktermerkmale.
   estar: vorübergehende Eigenschaften, Laune.

estar   ser

c (*Lösungsvorschlag*) Karl normalmente es un chico triste pero ahora está animado porque está enamorado; López es un señor nervioso / Hoy estoy nervioso porque tengo examen.

Unidad 5A – Autocontrol

1 Pronombres de objeto indirecto

1. te; 2. Nos; 3. les; 4. le; le; 5. Os; 6. te

2 Hay que compartir.

me – es – que – es/son – hace/come/estudia – tiene – es/son – hacen/trabajan – Es – tiene – es – va – Es – tiene – lleva – Te/Os – Le – me – te – Es – le – Les

Unidad 5B – Explora la gramática

El imperativo

a (Im Text vorkommende Formen sind fettgedruckt; die abgeleiteten Formen stehen dazu in kursiv.)

Verbo en infinitivo	tú	vosotros
escuchar	**escúchame**	*escuchad*
ayudar	ayuda	**ayudadme**
contestar	*contesta*	contestad
meter	*mete*	**meted**
leer	lee	*leed*
comprender	*comprende*	comprended
abrir	**abre**	*abrid*
escribir	escribe	*escribid*
compartir	*comparte*	compartid

Die Imperativformen von *tú* entsprechen der 3. Pers. Singular, Präsens.

Die Imperativformen von vosotros sind gleich dem Infinitiv, nur haben sie statt dem -*r* ein -*d* am Ende.

b (Im Text vorkommende Formen sind fettgedruckt; die abgeleiteten Formen stehen dazu in kursiv.)

Verbo en infinitivo	tú	vosotros
Poner	**pon**	**ponedla**
tener	ten	tened
venir	**ven**	*venid*

- Die Formen von **tú** werden meistens um eine Silbe verkürzt.
- Die Formen von **vosotros** sind immer regelmäßig.

Unidad 5B – Autocontrol

1 Pronombres

se – Les – se/lo – Lo – les – se – los – les – verlos

2 Imperativo

1. Deja parte de la estantería y del armario a Laura/ Déjale parte de la estantería y del armario.
2. Ayúdanos.
3. Comparte la habitación con otra persona/Compártela con otra persona.
4. Bueno, guardad las muñecas/guárdadlas.
5. Poned los libros encima de mi mesa/Ponédlos encima de mi mesa.

Lösungen

Unidad 6 – Explora la gramática

infinitivo	personas	haber	participio
tener	yo	**he**	**tenido**
pensar	tú	**has**	**pensado**
detener intentar **tener** hacer vender	él/ella/usted	**ha**	**detenido** **intentado** **tenido** **hecho** **vendido**
llegar	nosotros/-as	**hemos**	**llegado**
escuchar	vosotros/.as	**habéis**	**escuchado**
quejar(se) detener **salir**	ellos/ellas/ ustedes	**(Se) han** **han**	**quejado** **detenido** **salido**

Der *pretérito perfecto* besteht aus:

    verbo auxiliar +   participio
        ↓   ↓

       haber   +   hablar → **-ado**
                     tener →   **-ido**
                     salir → -ido

b Unregelmäßiges Partizip: **hecho**
Dazu gehöriger Infinitiv: **hacer**

c • Esta mañana / • Hasta ahora / • ya / • esta mañana

d (*Lösungsvorschlag*)
– Esta mañana he comido pizza en el recreo. Me ha
  gustado mucho.
– Tengo que ir a casa. Todavía no he hecho los deberes.

Unidad 6 – Autocontrol

1 Pretérito perfecto

ha sido – he escrito – han preguntado – he estudiado –
he ido – han vuelto – he hecho – he cocinado, he puesto –
he tirado – he pasado – he planchado

2. Superlativo
1. La situación es malísima.
2. Ana Lucía está nerviosísima.
3. Yilton trabaja muchísimo.
4. Bogotá es una ciudad grandísima.
5. Tiene edificios modernísimos pero también casas
  pequeñísimas.
6. Allí la gente es divertidísima.

Unidad 7A – Explora la gramática

◼ Los adjetivos apocopados

Subst. Masc.	Subst. Fem.		
schlechter Anfang	un comienzo malo **un mal comienzo**	eine schlechte Klasse	una mala clase **una clase mala**
guter Anfang	un comienzo bueno **un buen comienzo**	eine gute Klasse	una buena clase una clase buena
der erste Tag	el día primero **el primer día**	die erste Unter-richtsstunde	la primera hora **la hora primera**
der dritte Tag	el día tercero *el tercer día*	die dritte Unter-richtsstunde	**la hora tercera** la tercera hora

b Los adjetivos *bueno*, *malo*, *primero* y *tercero* pierden la **-o**
delante de un sustantivo **masculino**.

Unidad 7A – Autocontrol

1 La respuesta correcta

1. Hoy es mi **primer** día de clase. (c)
2. ¿Quiere **alguien** un chicle? (b)
3. Tengo **tantas** horas de inglés **como** tú de español. (b)
4. Nosotros no dormimos **tanto** como vosotros. (a)
5. Cuando quieres ir con un amigo al cine, al parque…
quedas con él. (b)
6. Laura **está pasando** unas semanas en Valladolid. (c)

2 estar + gerundio

(von l. nach r.)
Están durmiendo.
Se está vistiendo.
Se están dispidiendo.

Unidad 7B – Explora la gramática

◼ El comparativo de los adjetivos

Estas cazadoras son **más** baratas **que** aquellas, pero también
menos calientes **que** las rojas.

El chorizo ibérico es **tan** rico **como** el jamón ibérico pero
más **barato** que el jamón.

Laura y Cristina primero van a un supermercado, luego van
a una tienda **más** pequeña (que el super) a comprar un
buen vino de la región.

b

Español	Deutsch
Las cazadoras **son más baratas que los abrigos**	Die Jacken sind billiger als die Mäntel
más+ adjetivo + **que**	Adj.**+-er als**
Las cazadoras son menos **calientes que los abrigos** **menos** + adjetivo + **que**	Die Jacken sind weniger warm als die Mäntel weniger + Adj. + **als**
El chorizo es tan rico como el jamón **tan**+ Adjetivo + **como**	Die Paprikawurst ist genauso lecker wie der Schinken genauso + Adj. + **wie**

c

bueno/a	**mejor**
(gut)	(besser)
malo/a	**peor**
(schlecht)	(schlechter)

noventa y tres **93**

Lösungen

Unidad 7B – Autocontrol

1 El armario

S. auf S. 73 im Schülerbuch.

2 En el supermercado

a ¿Cuánto cuesta medio kilo de chorizo?

b Me pone un kilo de manzanas.

c Es carísimo.

3 Contigo no

Mario: No, hoy no puedo ir al cine con vosotras. Hoy viene una compañera a casa. Estudio muchas veces/con frecuencia con ella.
Laura: No te entiendo. Propones ir conmigo al cine. Ese día no puedo, pero cuando/si propongo otro día para salir contigo, tú no puedes salir conmigo o con nosotras. ¿A ti qué te pasa?/¿Pero qué te pasa?

4 Son tipos diferentes...

Ana Lucía es más alta que Cristina.
Cristina es más baja que Ana Lucía.
Ana Lucía tiene los ojos más negros.
Cristina es más delgada que Ana Lucía.
Ana Lucía es más morena que Cristina.

Unidad 8A – Explora la gramática

Adverbios en *-mente*

a

_tranquila**mente**_____	__rápida**mente**_____
_sola**mente**_____	_____real**mente**_____

b Stimmt's?
Die Endung *-mente* wird an die ~~männliche Pluralform~~ **weibliche Singularform** des Adjektivs angehängt.
Ejemplo: **tranquila + mente**
Ejemplo: **real + mente**

Wird das Adjektiv ~~ohne~~ **mit** Akzent geschrieben, so hat behält das Adverb ~~doch einen~~ **den** Akzent.

Ejemplo: rápida → rápidamente

Unidad 8A – Autocontrol

1 Indefinido

nació – estuvo – escribió – cambió – nació – se llamó – salió – se fue – salió – volvió

2 Interrogativos

1. ¿**Quién** es el primo de Mario? Pablo es el primo de Mario.
2. ¿**Dónde** pasan vacaciones Mario y Cristina? Ellos pasan las vacaciones en Roses.
3. ¿**Quiénes** viven en la Zimmersraße 23? Laura y Lukas viven allí.

4. ¿**Cómo** son las habitaciones de Cristina y de Mario? Son muy desordenadas.
5. ¿**Qué** significa aguacates para Ana Lucía? Significa policía.
6. ¿**Adónde** va a ir Laura de intercambio? Va a ir a Valladolid /a casa de Mario.
7. ¿**Por qué** han detenido a Yilton? Porque ha vendido cedés piratas.

Unidad 8B – Explora la gramática

Dos pronombres

a

línea 11	Dá**mela**, la pongo aquí para después.	'me' es a mí (=Ana Lucía) 'la' es la tarta
línea 43	¿**Nos la** cuentas ahora?	'nos' es a nosotros (=Mario y Laura) 'la' es labuena noticia
línea 51-52	..., pero yo **me lo** imagino.	'me' es a mí (=Ana Lucía) 'lo' es "por qué no ha escrito a sus padres"
línea 64	Es que no sé si puedo pagár**melo**.	'me' es a mí (=Ana Lucía) 'lo' es el viaje para visitar a Yilton

¿Cuentas a nosotros la buena noticia?
¿ **Nos** cuentas la buena noticia?
¿ **Nos la** cuentas?

b

frase correspondiente	frase en el texto	línea
Ana Lucía da una silla a Laura.	...y se la da a Laura.	36
Ana Lucía pasa los cubiertos, platos y vasos a Mario y Laura.	Se los pasa a Mario y Laura,	37
¿No pueden pagar ellos el viaje a Yilton?	¿No se lo pueden pagar ellos?	59
Ana Lucía pasa la botella de agua a Mario.	Ana Lucía se la pasa y ...	66

	lo	→ se lo
	la	→ se la
_____ le/les _____ +	los	→ se los
	las	→ se las

Unidad 8B – Autocontrol

1 El más... de todos

(*Lösungsvorschlag*)
a) Chile es el país más largo de todos; Brasil es el más grande y Guatemala el más pequeño.
b) Inglés es el idioma más fácil y más importante de todos tres.
c) Mario es el más alto; Laura es la más rubia y Lukas es el más moreno.
d) La clase es la más divertida/aburrida/tranquila; el recreo es el más divertido; la fiesta es la más divertida.
e) La bicicleta es más dura pero divertida de todos; el avión es el más rápido. El tren es el más divertido.
f) Mario y Cristina son los más desordenados.

2 ¿Qué dice?

(*Lösungsvorschlag*)

94 noventa y cuatro

Lösungen

Pues Anke dice que todos los compañeros de la clase 10 A fueron a comer a un restaurante y que hacía buen tiempo. Que ahora hace 23 grados. Pregunta si me acuerdo del restaurante que está cerca del instituto. Anke cuenta que hace sol pero que me echan de menos todos. Que ayer hablaron mucho y que todos dijeron que no se pueden divertir tanto.

Ella me dice que quiere venir a visitarme en las vacaciones de verano y me dice que si puedo buscarle una habitación para tres semanas.

Lösungen
Un paso más

Un paso más 1

1 ¿Qué quieres hacer hoy?

b Diálogo 1
quieres – por la – sé – podemos -Vamos a la – van – estamos – Prefiero – al - puedo – tengo

Diálogo 2
vamos – es – Podemos

Diálogo 3
hay – está en la – Vais al – Podemos – voy – es

Hast du bei manchen Themen noch Schwierigkeiten? In der Tabelle findest du zu jedem Thema einen Verweis zur Wiederholung.

(A) Verben mit Diphthon-gierung *e-ie, o-ue*	Grammatik	CDA, U3B, Explora la gramática GBH, § 14 und § 15
	Übungen	SB, U3B, E7, E8
		CDA, U3B, E5
(B) *hay/estar*	Grammatik	CDA, U3B, Explora la gramática GBH, § 13
		SB, U3A, E6, E7
	Übungen	CDA, U3A, E3, E4
(C) Unregel-mäßigen Verben	Grammatik Übungen	GBH, Anhang, Formen der unregelmäßigen Verben CDA, U1, E7, E8; U2B, E5
(D) Präpositionen + best. Artikel	Grammatik Übungen	GBH, § 3 CDA, U1, E11, E12; U2B, E7; U3B, Autocontrol, E2
(E) *ir a* + Infinitiv	Grammatik	GBH, § 16 CDA, U3B, E8; U3B, Autocontrol, E1b
	Übungen	

	Dialogo 1	Diálogo 2	Diálogo 3
¿Dónde pasan las vacaciones?	**Getxo**	**Madrid**	**Palencia**
¿Qué van a ver/hacer?	**Festival de Folk**	**Danza cubana**	**Concierto de Sexy Sadie**

d (*Lösungsvorschlag*)
Yo quiero ir a Vitoria. Me gusta mucho la música rock. Voy a ver a Deep Purple el 2 de septiembre en el Recinto de Mendizabala.

2 En la calle

A: Hola.
B: Hola, ¿qué tal?
A: Bien. Éste es mi primo Jaime, que va a pasar una semana aquí.
B: Yo soy Jimena. ¿Qué vais a hacer por la tarde? Podemos ir al cine juntos.
A: No podemos, porque nuestros padres quieren ir al restaurante con la familia. ¿Qué vas a hacer mañana? ¿Por qué no vamos juntos a „La Tasquita"?
B: Vale. ¿Y tú, Jaime?, ¿dónde vives?
C: Vivo en Barcelona.
B: ¿En Barcelona? Conozco Barcelona, es una ciudad muy bonita. A veces paso las vacaciones con mis padres allí porque mi tío vive en Barcelona.
C: ¿Dónde vive tu tío?
B: Vive en la calle Tortella cerca de la playa.
C: Es un barrio genial: muy moderno y con muchos bares.
B: Sí, a mí también me gusta mucho.
A: Bueno, tenemos poco tiempo. Nuestros padres esperan. Hasta mañana.
B: Vale. Hasta mañana.

Un paso más 2

1 Languages, langues, Sprachen, idiomas...

a
Es importante para tu futuro
tienes/hay; hay que /tienes que ; conozco; he pasado/he estado; ha venido; algunos; tienes que/hay que; creo/pienso; tienen que entenderlo/ -te (oder: lo / te tienen que entender).

¡Socorro! No sé mucho inglés
Acabo de; creo/pienso; Estoy ; Acabo de conocerla/La acabo de conocer; Es ; Lleva/Tiene; es; tiene/lleva; mismos; mismas; hemos salido/ido; es; sé; puedo; tiene que traducirnos/ nos tiene que traducir

b La carta de Yolanda.

c (*Lösungsvorschlag*)

Querida Inma:
Yo soy alemana y creo que estudiar mi idioma puede ser muy interesante para el futuro de una española. En España viven muchos alemanes y hay muchos que van de vacaciones a tu país. Es verdad, el alemán es un idioma difícil, hay que estudiar mucho, pero por eso no hay mucha gente que habla alemán y puede ser una ventaja para encontrar trabajo. Además en la UE es una lengua muy importante, después del inglés. Y para practicar siempre puedes buscar un intercambio o ir a Alemania, ahora los vuelos son baratos...

Hast du bei manchen Themen noch Schwierigkeiten? In der Tabelle findest du zu jedem Thema einen Verweis zur Wiederholung.

noventa y cinco **95**

Lösungen

(A) *acabar de*	Grammatik	GBH, § 24
	Übungen	SB, U5A, E4
		CDA, U5A, E 7
hay que/tener que	Grammatik	GBH, § 25
	Übungen	SB, U5A, E5, E6
		CDA, U5A, E3
(B) *ser/estar*:	Grammatik	CDA, U5A, Explora la gramática
	Übungen	GBH, § 23
		SB, U5A, E3
		CDA,U5A, E6
(C) *mismo, algún*	Grammatik	GBH, § 22
	Übungen	CDA, U4, E7, E8
(D) Expresar opinión	Übungen	SB, U6, E3
(F) Unregelmäßige Verben	Grammatik	GBH, Anhang, Formen der unregelmäßigen Verben
	Übungen	CDA, U4, E5, E6
(E) Pronomen-stellung	Grammatik	GBH § 27
	Übungen	CDA U5A, E5
(G) Pretérito perfecto	Grammatik	CDA U6, Explora la gramática GBH, § 31
	Übungen	SB, U6, E5, E6 CDA U6, E 3

Un Paso más 3

Un viaje por el curso

Hast du bei manchen Themen noch Schwierigkeiten? In der Tabelle findest du zu jedem Thema einen Verweis zur Wiederholung.

1. SB, Un paso más 1, pág. 50, 51
2. SB, Vocabulario, pág. 146
3. GBH, § 37
4. SB, pág. 16, 32
5. GBH, § 31
6. SB, pág. 28
7. SB, Un paso más 2, pág. 84, 85
8. SB, pág. 34
9. GBH, § 16
10. SB, texto «De compras por Valladolid», pág. 96, 97
11. SB, Un paso más 1, pág. 50 – 51, pág. 49; texto 8A, pág. 105
12. SB, pág. 87
13. GBH, § 37
14. SB, pág. 61
15. SB, Un paso más 1, pág. 50, 51, Mapa, pág. 14
16. SB, pág. 69
17. GBH, § 46
18. SB, pág. 111
19. SB, textos «El día a día de los españoles» pág. 59, «El día del Santo» pág. 44, «Las viviendas pág. 74, «¿Tú o usted?» pág. 82, «El panel de timbres» pág. 92, «El tuteo de los profesores» pág. 93
20. SB, pág. 32
21. GBH, § 24
22. SB, pág. 119
23. GBH, § 23
24. SB, pág. 96, 98
25. SB, pág. 59, texto 7A
26. SB, pág. 42
27. SB, pág. 80, ejercicio 5
28. SB, Vocabulario, pág. 146
29. SB, textos «El día a día de los españoles», pág. 59, «Los horarios de comidas», pág. 91
30. SB, pág. 73, ejercicio 6
31. GBH, § 41
32. SB, pág. 65
33. SB, Mapa, pág. 193; Un paso más 2, pág. 84, 85
34. SB, pág. 54
35. SB, pág. 28, «Los apellidos españoles»
36. SB, pág. 59, texto «Mal comienzo en el instituto»